Inhaltsverzeichnis

Den wunderschönen
afrikanischen Kleinpapageien gewidmet,
die schon früh meine Begeisterung
hervorriefen und durch Jahrzehnte meine
besonderen Lieblinge geblieben sind.

Zu diesem Buch

Liebe Leser!
Dies ist ein Ratgeber für praktizierende Vogelliebhaber. Er wurde von vornherein dazu gestaltet, ein nützlicher Leitfaden für die immer zahlreicher werdenden Agapornidenfreunde zu werden. So ist es mein Wunsch wie meine Hoffnung, daß dieses Buch der beschriebenen Papageiengruppe weitere Freunde gewinnen, sowie ihnen bei den ersten Anschaffungen und kleineren Problemen hilfreich zur Seite stehen möge. Denen, die diese reizenden kurzschwänzigen Kleinpapageien schon länger und besser kennen, wird der vielseitige Text hoffentlich ebenfalls hier oder dort nützlich werden.

Im Gegensatz zu Übersichtswerken oder Bestimmbüchern gehören in ein Praktikerbuch vor allem viele im Umgang mit den beschriebenen Vögeln gesammelte Erfahrungen. Ich möchte möglichst viel davon hier weitergeben.

Sie haben vielleicht schon lange bedauert, daß bis in die jüngste Zeit der Entstehung dieses Ratgebers gedruckte Informationen über unsere schönen Unzertrennlichen in der Bundesrepublik wie im übrigen Europa sehr knapp waren. Ich habe eigenen Beobachtungen und Erfahrungen bei Importeuren, Händlern, Züchtern, Liebhaberkollegen und in Zoos und Vogelparks auch fachlich interessante Meinungen Dritter zur Seite gestellt, die es allerdings noch nicht sehr reichlich gab. Darunter befinden sich etliche aus dem im gleichen Verlag erschienenen Buch meines verstorbenen Kollegen Carl Aschenborn „Die Papageien", und könnten auch eine Weitergabe von dessen Zitaten aus damaliger Liebhaberpresse sein. Dieser Hinweis möge mich der Notwendigkeit von Einzelhinweisen entheben.

Nun noch einige Erklärungen zum Aufbau des Inhaltes. Ich mußte mich der einstweilen modernsten Auffassung anschließen, wonach einige früher für selbständig angesehene Agapornidenarten Unterrassen von *Agapornis personata* sind. Ich teile diese Auffassung, doch halten Sie das ganz wie Sie wollen. Achten Sie nur auf das *letzte* Wort der lateinischen Namengebung, und eine Verwechslung wird so leicht nicht passieren.

Agapornis swinderniana, das Grünköpfchen, das die Engländer Black-collared Lovebird, also Schwarzkragen-Unzertrennlicher nennen, habe ich nicht in dieses Buch aufgenommen und bitte um Verständnis, daß ich für theoretische Vogelbeschreibungen keinen Platz opfern wollte. Ich habe noch kein lebendes Exemplar gesehen, und wahrscheinlich geht es Ihnen genauso.

Alle Agaporniden sind natürlich Teile einer kleinen, engverwandten Papageienfamilie Afrikas, und so sind Vermischungen der einzelnen Vertreter in Liebhabergehegen schnell passiert, vor allem in der Nachzucht kleiner Bestände, was zu nicht mehr rassereinen Tieren führen muß. Davon wird der erheblichen Bedeutung wegen noch die Rede sein. Die in diesem Praktiker-Ratgeber aufgenommenen acht Hauptarten habe ich, wie es sich heute ebenfalls eingebürgert hat, in diejenigen *mit* weißem Augenring und solche *ohne* dieses Merkmal unterteilt. Anderweitig wissenswerte Unterschiede im Aussehen und in den Nestbaugewohnheiten etc. werden in der jeweiligen, sehr ausführlichen und umfassenden Einzelbeschreibung berücksichtigt. Ich glaube, die meisten Leser stimmen mir zu, wenn ich finde, daß die vollzählige Auflistung sämtlicher Regionen der Verbreitung in Afrika dem Liebhaber nicht viel Nutzen erbringt. Ich verzichte auch auf Angaben zum Verhalten in freier Wildbahn, da erstaunlich wenig dazu bekannt ist, obwohl man Agaporniden schon lange kennt.

Viele Freunde der kleinen bunten Afrikaner glauben fest daran, daß diese Krummschnäbel nach dem millionenfach gehaltenen Wellensittich inzwischen den 2. Platz in der Liebhabergunst ansteuern und ihre Farbspielarten noch eine große Zukunft vor sich haben. Auf jeden Fall handelt es sich bei den Agaporniden um sehr reizvolle Pfleglinge, die den Vorzug mitbringen, daß sie eigentlich von jedem Vogelfreund gehalten, gepflegt und auch gezüchtet werden können. Auch von Neulingen, um das wenigstens für zwei oder drei Arten ausdrücklich zu bestätigen.

Dieser Stand der Dinge zu Beginn der 80er Jahre hat einen für jedermann erschwinglichen Ratgeber wie diesen, nach so vielen Jahren seines Fehlens in der Bundesrepublik, dringend notwendig werden lassen. Ich bin ebenfalls überzeugt davon, daß die schon so groß gewordene Beliebtheit der sogenannten Liebesvögel noch weiter zunehmen wird, genauso wie die Zahl der reizvollen Farbspielarten nach dem Vorbild des Wellensittichs.

Diese netten, paarweise zu haltenden Vögelchen mit ihrem glatten, leuchtenden Gefieder sind recht anspruchslos, einfach zu ernähren, preislich erschwinglich, bescheiden in den Platzansprüchen und erfolgreich zu vermehren. So viele Pluspunkte findet man bei Krummschnäbeln nicht häufig beisammen! Unzertrennliche nennt man diese Vögel übrigens deshalb, weil man glaubte, sie liebten einander so innig (Liebesvögel), daß ein Exemplar alleine nicht lebensfähig sei. Als Argument wurde angeführt, daß ein im Käfig zurückbleibendes Tier dem verstorbenen Artgenossen sehr bald in den Tod folge. Diese Erfahrung habe ich sogar selbst gemacht, aber nur in Käfigen, wobei wohl der frühere Partner die einzige Abwechslung und Zerstreuung in unnatürlich beengter Umgebung gewesen war. Es gibt so einen „Seelentod", doch andererseits hat sich bei mir später herausgestellt, daß in Fluggehegen ein Tod aus Liebeskummer kaum vorkommt, und daß sehr wohl auch ein Wellensittich als Ersatzpartner akzeptiert wird. Nur darf man nicht lange mit dem Zugesellen warten! Außerdem geht die angebliche Unzertrennlichkeit eines Brutpaares nicht so weit, daß Seitensprünge des Hahnes ausgeschlossen wären.

Alte Geschichten sind langlebig, und man bildete einst den Begriff „Agapornis" aus den griechischen Bezeichnungen für „Liebe" und „Vogel", was Liebesvogel ergibt und woher der englische Name „Lovebird" stammt.

Selbst wenn Sie keine vorherigen Erfahrungen haben, ich bin ziemlich sicher, daß Sie diese drolligen Kobolde rasch liebgewinnen, und ich darf vielleicht ein wenig dazu beitragen.

Rethem, 1983 Karl-Herbert Delpy

Einleitung

Faszination und Bewunderung, die ich schon sehr früh in meiner langen Liebhaberlaufbahn angesichts der bekanntesten Agapornidenarten empfand, haben sich fast drei Jahrzehnte bis heute unverändert erhalten, in denen ich viele Vertreter der Gattung betreute. Diese Afrikaner gehören bei handlicher Größe zu den schönsten, reizendsten, beweglichsten und dabei noch anspruchslosesten Vertretern der großen, so vielseitigen Papageienfamilie, und ich liebe sie ganz besonders.

Das im Pfungstadter Verlag Gottfried Heléne vor Jahrzehnten erschienene Fachbuch des unvergessenen Helmut Hampe über „Die Unzertrennlichen" war eines der ersten Vogelbücher in der Art, wie wir sie heute kennen. Es stellte eine Anschaffung dar, auf die ich als Spätheimkehrer aus Gefangenschaft damals sehr stolz gewesen bin. Beim häufigen Studium habe ich den Text fast auswendig gelernt, und bin verständlicherweise als Vogelfreund stark davon beeinflußt worden.

Nach Anfängen mit Kanarien und Wellensittichen wurden die Agaporniden somit meine frühe Leidenschaft. Dabei muß ich ehrlich sagen, daß Hampes Buch nicht gerade einfach zu lesen war. Auch dieser Tatsache habe ich mich beim Schreiben dieses Ratgebers erinnert, und es verständlicher zu machen versucht, wobei ich andererseits Hampes Beispiel folgte, praktischen Erfahrungen weiten Raum zu geben.

Natürlich hätte ich früher nie daran gedacht, einmal als Autor in seine Fußstapfen zu treten. So gerne ich mich schließlich dazu entschloß, weil ich ja vieles zum Thema zu sagen hatte, ich habe mir das Vorhaben lange überlegt. Ja, ich habe schon vor Jahren Autorenkollegen auf eine diesbezügliche Ko-Produktion angesprochen, ohne allerdings einen Interessierten zu finden.

Wer meinen im gleichen Verlag erschienenen Titel „Großsittiche und Papageien" schon kennt, der weiß, daß ich darin zu einer Auswahl der beliebtesten Papageien und Großsittiche unbedingt schon vier Unzertrennliche hinzunehmen mußte. Eben weil sie schon so begehrt waren. Bereits in diesem Buch habe ich über eigene Erfahrungen und Erlebnisse berichtet, wenngleich ich mich mit einer gewissen Textlänge bescheiden mußte. Das ist hier nicht nötig, und um so reizvoller fand ich die Chance, in einem eigenen Agapornidenbuch entsprechend ausführlich auf jede beschriebene Art eingehen zu dürfen.

Die Bezeichnung „Unzertrennliche", die auch von unseren französischen Nachbarn bevorzugt wird (Inseparables) hat sich in unseren Liebhaberkreisen fest eingebürgert. Man sollte die Agaporniden nicht Zwergpapageien nennen und ebensowenig mit Sperlingspapageien (Gattung *Forpus)* oder Fledermauspapageien (Gattung *Loriculus)* nur wegen gewisser Ähnlichkeiten in Statur oder Verhalten in einen Topf werfen. Unsere Afrikaner sind geselligkeitsliebende, dickköpfige, kurzschwänzige Kleinpapageien. Ihr Bewegungsdrang wird wegen geringerer Körpergröße gleich weniger problematisch für den Halter, dessen Sorge oft genug der begrenzt verfügbare Platz ist. Die Lautstärke der Stimmäußerungen, obwohl ich sie nie unangenehm empfunden habe, schwillt bei Haltung von kleinen Schwärmen möglicherweise auf ein Maß an, das enge Nachbarn zu Protest veranlaßt. Vorsichtshalber soll das ebenso erwähnt werden, wie eine gewisse Aggressivität gegenüber anderen Gefiederten im gleichen Gehege.

Wildgefangene Agaporniden werden nicht oft in nennenswerten Stückzahlen in die Bundesrepublik eingeführt. Andererseits züchtet man die beliebtesten und entsprechend gefragten Arten schon seit Jahrzehnten in ganz Europa, und ein recht preisgünstiges Angebot für manche Rassen ist eigentlich immer vorhanden.

Die Haltung in volierenähnlichen Gehegen unter Dach, oder in echten Gartenvolieren nebst angebautem Schutzhaus ist bei Gruppenpflege oder Zuchterwartungen zweifellos vorzuziehen. Dennoch stimmt es, daß sich genügend Berichte über erfolgreiche, langjährige Haltung, Pflege und Zucht in größeren Käfigen finden lassen. Auch ich habe diese Käfighaltung aus jeweils zwingenden Gründen vielfach praktiziert.

Der Geschmack von Tierliebhabern ist verschieden, und nicht jeder Papageienfreund wird gleichzeitig ein Agapornidenverehrer wie ich sein können. Da Sie aber mein Buch in der Hand halten, wollen Sie zumindest etwas über die darin behandelten Vögel wissen. Lassen Sie sich informieren oder wenigstens angenehm unterhalten. Ich biete Ihnen eine zwar kleinformatige, aber trotzdem sehr gehaltvolle Gesamtschau über eine kleine Krummschnabelgruppe, mit Weitergabe von allgemeinen Erkenntnissen, vor allen Dingen aber mit Tips und Ratschlägen aus der Praxis für Praktikerkollegen.

Die Entdeckerzeiten

Es wird mindestens zwei Jahrhunderte zurückliegen, daß über die Agaporniden erstmals ausführlicher geschrieben wurde. Die ersten Arten waren erstaunlicherweise diejenigen, die heute seltener gepflegt werden, nämlich *A. cana* und *A. pullaria*. Die letztere ist seit 1603 als bekannt überliefert!

In der Mitte des 19. Jahrhunderts landeten mehrere madagassische Grauköpfchen im Londoner Zoo. Am Anfang des vorigen Jahrhunderts waren *A. swinderniana* und *A. taranta* entdeckt und beschrieben worden. Belegt wird dies durch das im Jahre 1836 erschienene Fachbuch „Selbys Parrots". Noch heute heißt es in älteren Fachbüchern: Gattung *Agapornis Selby*.

Die Ersteinfuhr von *A. taranta* scheint viel später nach der Entdeckung, nämlich erst 1906 in Wien erfolgt zu sein. Der „Kleine Rotstern-Papagei" (gemeint ist *A. roseicollis)* muß in Österreich sehr früh bekannt gewesen sein. In der Naturaliensammlung Ferdinand I. von Österreich befindet sich ein herrliches Gemälde, gemalt von Hofmaler Leopold Brunner, das zwei einander zugewandte Exemplare auf Ästen sitzend zeigt.

Dazu darf ich einen Text zeitgenössischen Ursprungs zitieren, der in der Österreichischen Nationalbibliothek bewahrt wird: „Unzertrennliche heißen sie, weil man sie nur paarweise halten kann, wenn sie nicht rasch an Vereinsamung sterben sollen. Es sind kleine Papageien mit vorherrschend grüner Farbe aus Südafrika und Madagaskar. Fast alle Papageienarten der Welt führen zeitlebens eine vorbildliche Einehe. Die Unzertrennlichen treiben die Treue aber sogar über den Tod hinaus! Sie sprechen zwar nicht, richten jedoch mit jener sittlichen Idealeigenschaft ein zu Herzen gehendes Beispiel auch für den Menschen auf. Wie reizend sie im Dialog einander zugetan sind, hat der Maler Brunner in seinem Doppelbilde auf die anmutigste Weise gleichsam für die Ewigkeit festzuhalten verstanden." Eine im damaligen Stil formulierte Huldigung an unsere hier behandelten Pfleglinge.

In einem ebenfalls mehr als hundert Jahre alten Vogelbuch las ich einmal, die erste überhaupt entdeckte Agapornidenart sei natürlich *A. roseicollis* gewesen, und dies sei noch früher, nämlich schon Ende des 18. Jahrhunderts geschehen. Überlieferungen sind nicht immer so verläßlich, wie man es gerne hätte!

Erst nachdem der 1. Weltkrieg einige Jahre vorbei, und auch die Inflation zu Ende gegangen war, begrüßten die schon etablierten Agapornidenfreunde begeistert die Ersteinfuhren von Schwarzköpfchen und Fischeris (1925/26). Auslösendes Ereignis war Dr. G. A. FISCHERS Expedition zum Victoriasee. *A. lilianae* wurde 1927 entdeckt. Die Entdeckung des Rußköpfchens verdanken wir einem Briten, Dr. KIRKMANN, der den Vogel 1904 als Erster sah und 1906 in den Nachrichten des Ornithologenclubs beschrieb. 1820 schon wurde *A. swinderniana* im Kongotal, im heutigen Gabun, entdeckt. Die Herren REICHENOW und NEUMANN wollten sogar zwei Unterarten erstbeschrieben haben. Die wirklichen Entdecker allerdings sollen G. ZENKER und EMIN PASCHA gewesen sein. Bis heute hat man nur wenige der letztgenannten Tiere in Europa gesehen, und gedruckte Informationen über Grünköpfchen sollen spärlich nur in Belgien existieren, das einst am Kongo Kolonialmacht war.

Man hat mir mal gesagt, gute Berichte über Afrikas Vogelwelt lägen auch in kirchlichen Büchereien, wo sie nach den Aufzeichnungen ornithologisch interessierter Missionare gefertigt worden seien. Es müßte faszinierend sein, so etwas aufzuspüren. Nur – wo fängt man mit der Suche an?

Die mengenmäßig größten Agapornideneinfuhren sind über Carl Hagenbeck in Hamburg gelaufen und liegen im Einzelfall bis zu einem Jahrhundert zurück. Heute hat die Zahl der Vogelimporteure zugenommen, wobei andererseits die kleinen Betriebe überwiegen. Für manche der in diesem Buch beschriebenen Vögel haben die zuständigen Länder Afrikas Exportbeschränkungen eingeführt, wobei jedoch schon Professor Grzimek oft darauf hinwies, daß es überall an wirksamen Kontrollen mangelt.

Man könnte es für möglich halten, daß die in diesem Buch nicht aufgenommene Agapornidenart, das Grünköpfchen *(Agapornis swinderniana)*, von bisheriger Verfolgung verschont, irgendwann einmal zahlreich zu uns kommen könnte, um für die Freunde der Gattung gewissermaßen eine Neuentdeckung zu werden.

AZ-Kollege Bischoff hat vor wenigen Jahren eine Expedition arrangiert und geleitet, nur um diesen Vogel, der angeblich nicht selten sein soll, wenigstens einmal lebend in Freiheit zu sehen. Es hat nicht geklappt.

Viel spricht demnach offenbar nicht für eine positive Prognose, und sowieso dürfte bei einem an Flußufern in dichtem Regenwald lebenden Vogel schon das Einfangen sehr schwierig werden.

Daß es in Afrika noch neue, bisher unbekannt gebliebene Unzertrennlichenarten geben könnte, gehört auch zu den immer unwahrscheinlicher werdenden Hypothesen. Womöglich haben Züchter die besten Chancen, neue oder wenigstens neuartig aussehende Farbspielarten hervorzubringen.

Fütterung – Trinken – Baden

Die **Ernährung** von Unzertrennlichen braucht niemandem Kopfzerbrechen zu bereiten, ist sie doch kaum schwieriger als beispielsweise bei Wellensittichen. Wichtig kann unter Umständen auch mal werden, daß die Agapornidenfütterung nicht völlig von importierten oder überhaupt käuflich zu erwerbenden Futtermitteln abhängig ist. Gottseidank ist es zum Teil Gewohnheitssache, was ein Papagei frißt. Einige Angaben zu Vorlieben bzw. Empfehlungen enthalten zusätzlich die einzelnen Vogelbeschreibungen.

Alle Agaporniden gelten als sogenannte **Körnerfresser.** Natürlich wollen wir das nicht so wörtlich nehmen, als ob die Vögel an gar nichts anderem interessiert seien, denn diese Überzeugung wäre natürlich falsch. Richtig ist, daß Körnersaaten die Hauptnahrung bilden, deren wichtigste ich nachstehend anführen möchte:

Sonnenblumenkerne
(kleinkörnige Sorten, weiß,
schwarz und gestreift)
Kolbenhirse
Hanfsaat
Spitzsamen (Kanariensaat)

Hafer, geschält/ungeschält
Helle Hirsesorten
Japanhirse
Negersaat
Grassamen
Unkrautsämereien

Gerade bei Unzertrennlichen hat man öfters recht individuelle Geschmacksrichtungen beobachtet. Wichtiger Grundsatz: Was ein Vogel besonders gerne, zuerst, und in großer Menge frißt, muß deshalb nicht unbedingt ebenso gesund oder zuträglich sein! Futterbestandteile, die besonders leicht zu Fettansatz führen, müßten vielleicht wenigstens zeitweise rationiert werden. So vor allem der Hanf, die Negersaat und Haferkerne. Sonnenblumenkerne gehörten an sich nicht zu den Futterbestandteilen, welche der Mengenüberwachung bedürfen, zumal sie so besonders gerne gefressen werden. Jetzt allerdings überwiegen die auf Fettreichtum gezüchteten Sorten. Das ist gut für die Ölfabrikanten, aber nicht so sehr für unsere Ziervögel. Man braucht aber nur die bunten, kleinkörnigeren Sorten zu wählen.

Der Papagei braucht in ausgewogenem Verhältnis solche Dinge wie Proteine (Eiweiße), Kohlenhydrate, Fette, Mineralstoffe, Vitamine und Spurenelemente nebst Ballaststoffen, die alle auf ihre Art Einfluß auf seine Gesundheit und sein Wohlbefinden haben. Der Umfang dieses Buches erlaubt mir nicht, zu diesem Thema ausführlicher zu werden. Demjenigen, der sich für dieses wichtige Thema mehr interessiert, empfehle ich mein Spezialbuch „Ziervogelernährung“ aus dem gleichen Verlag.

Es gibt für ausgewachsene Vögel kein einzelnes Nahrungsmittel natürlichen Ursprunges, welches alles Aufgeführte zu brauchbaren Anteilen enthielte. Weshalb jede breitgefächerte Futtermischung eine empfehlenswerte Regelung ist. Unbesorgt darf man auch mal ein bis drei Saaten austauschen.

Für Einzelpaare oder nur eine kleine Gruppe gehaltener Unzertrennlicher möchte ich auf **Paketfutter** verweisen. Einen Versuch sollte man unbedingt damit machen und vor allem festhalten, wie hoch prozentual die Verwertung ist. Möglicherweise braucht es zunächst etwas Gewöhnung! Paketfutter enthebt den Vogelpfleger lästiger und vielleicht auch riskanter Vorratsprobleme und bietet die Gewähr größtmöglicher Sauberkeit sowie ganzjährig gleichbleibender Qualität und Zusammensetzung. Man wird ja überhaupt Vogelfutter nur dann in größeren Mengen kaufen, wenn man Kenntnisse bezüglich der sachgemäßen Lagerung besitzt, über trockenen Lagerraum verfügt und den Vorrat regelmäßig belüften kann. Überlagerte, eingestaubte, vermilbte oder mit Urin oder Kot verunreinigte Futterstoffe sind ein Risiko, und deshalb auch nicht einen stark reduzierten Einkaufspreis wert.

Richtige Ernährung bleibt immer wesentlicher Bestandteil jeder Ziervogelpflege. Dabei spielt das Futter vor der Brutperiode eine wesentliche Rolle für den tatsächlichen Eintritt des angestrebten Zuchterfolges. In Zeiten anderer vermehrter Beanspruchung,

z. B. wenn unsere Unzertrennlichen mausern oder in der Gartenvoliere bei winterlichen Temperaturen leben, sind wieder vermehrte Gaben öl- und fettreicher Körner zulässig und nützlich (Sinngemäß bei Hitze nicht empfehlenswert!). Paket-Wellensittichfutter kann nebenbei mal zur Abwechslung, bzw. in Notfällen bei überraschendem Futtermangel unbesorgt allen Agaporniden gegeben werden. Sie sehen schon, der fortgeschrittene Betreuer unserer schönen Unzertrennlichen wird ihnen nicht das ganze Jahr hindurch jeden Tag die genau gleiche Futterzusammenstellung anbieten. Dazu aber vorsorglich gleich der Hinweis: Wer aus irgendwelchen Gründen längerfristig einförmig füttern muß oder nur unzureichende Einkaufsmöglichkeiten hat, bringt seine Pfleglinge nicht gleich in Gefahr, sondern verschenkt wahrscheinlich nur kleinere Vorteile, die Könnern offenstehen.

Am leichtesten gewöhnt man die kleinen Afrikaner an bisher unbekannte oder wenig gefressene Futterbestandteile, solange sie noch jung sind. Je älter Papageien werden, um so reservierter und mißtrauischer begegnen sie Unbekanntem. Noch unbeliebte Neuheiten mische man öfters mit besonders begehrten Körnern und reiche die Mischung morgens für den ersten starken Hunger. Ob sich die Eigenschaft besonders dankbarer Futterverwertung von den Eltern auf die Nachzucht weitervererbt, scheint mir doch sehr fraglich, obwohl Autoren empfahlen, bevorzugt mit so veranlagten Exemplaren zu züchten.

Tierfreunde halten eine möglichst gleichbleibende **Fütterungszeit** ein, weil sich die Vögel daran gewöhnen und andernfalls leicht gesundheitlichen Schaden nehmen. Die Tiere suchen z. B. bei ungewohnt leerbleibenden Näpfen auf dem Boden herum, wobei dann verschmutzte oder verschimmelte Körner heruntergeschlungen werden. In allen Näpfen bitte leere Hülsen ausblasen, bevor neue Körner zugeschüttet werden. Früchte und Grünzeug vom Vortag immer wegwerfen. Solche Dinge sind häufig schon verdorben, ohne daß es deutlich zu sehen ist. In der Fortpflanzungsperiode füllt man die Futtergefäße vielleicht abends kurz vor dem Lichtausmachen. So könnten sich die Altvögel frühmorgens, wenn der Betreuer noch schläft, bedienen, und mit der Jungenatzung Stunden früher beginnen. Ich habe es oft so gehalten, und mehr Fütterungen in der Tageslichtzeit kommen dem Nachwuchs deutlich zugute.

Grünfutter, so der Allgemeinbegriff, ist stets von großem Wert für Papageien und daher ebenso für unsere Unzertrennlichen. Unsere kleinen Afrikaner scheinen fleischige Blätter besonders zu schätzen. Andererseits werden leider viele Nachzuchten beim Züchter nicht an Grünfutter gewöhnt, weshalb der spätere Besitzer dann Schwierigkeiten mit der Annahme haben kann. Er achtet im eigenen Interesse darauf, daß Salate und Obst aus Gärten nicht mit Giften gespritzt sind. In frostigen Wintern sollten wir uns erinnern, daß noch eiskaltes Grünzeug nicht bekömmlich ist, wogegen es frisch aufgetaut, entgegen weitverbreitetem Glauben, nicht schadet. Es verdirbt dann allerdings rascher als im Sommer! Verschmutzte Blätter und Früchte darf man nötigenfalls kalt abwaschen, soll sie dann aber wenigstens grob abtrocknen, bevor man sie verfüttert.

Eine Auswahl zur Anregung:

Löwenzahn, Vogelmiere	Kopf- und Pflücksalate
Grüner Endiviensalat	Petersilie, glatt und kraus
Möhren, Äpfel, Birnen	An Kohl höchstens Chinakohl!

Im Sommer kann man von Spaziergängen halbreifes Getreide wie Hafer, Weizen oder Mais in kleinen Portionen mitbringen. Am Ackerrand wachsen vielleicht Kreuzkraut und Hirtentäschel. In der Voliere sind ausgestochene Rasenplatten sehr brauchbar. Vielleicht finden auch Sie es praktisch und vorteilhaft, Wellensittichfutter in flachen Schalen oder Blumenuntersetzern auszusäen und den entstehenden Keimrasen zum Abfressen in Käfige oder Gehege zu stellen. Das klappt immerhin das ganze Jahr hindurch und Sie sollten es mal probieren. Von vielseitig bedeutsamen Nutzen sind, nach meinen eigenen Beobachtungen in zweieinhalb Jahrzehnten, frische berindete Zweige geeigneter Laubbäume und

Sträucher zum Abnagen. Gerade Unzertrennliche lieben diese Beschäftigung sehr, und wenn auch der Nährwert der Rinden gering sein mag, so haben doch die Rindensäfte vielseitig positive Wirkungen. Erwiesenermaßen erleichtern sie den Ablauf der Mauser und machen die Gefiederfarben leuchtender.

Im Winter schließlich kann man Ebereschenbeeren (Vogelbeeren) Mehlbeeren, Wacholderbeeren und eingeweichte Rosinen als vegetarische Beikost ausprobieren. Möhren sind das ganze Jahr käuflich, man raspelt sie zwecks Verbesserung der Annahme und kann sie so zerkleinert auch unter Weichfutter mischen.

Abgesehen von Saaten und Grünzeug, sind es natürlich auch **Mineralien und Spurenelemente,** die der Vogelorganismus benötigt. Ich schlage vor, daß Sie zuerst Ihren Zoofachhändler befragen, was er in dieser Richtung anzubieten hat. So sind z. B. mineralangereicherter, UV-bestrahlter Grit und eine Menge von anderen Kalkpräparaten im Handel. Selbstherstellung von Mineralstoffmengen ist schwierig und in der Regel nicht die Mühen wert, die allein die Besorgung aller Bestandteile machen würde. Rezepturen und Details enthält für alle Fälle mein bereits erwähntes Buch „Ziervogelernährung“ (Nr. 828).

Fein zerstampfte Muschelschalen, wie sie z. B. Kinder am Strand gesammelt haben, wären selbstverständlich ebenso brauchbar, wie gefundene, später gut gewässerte Tintenfischschalen mit ihren nützlichen Anteilen an Meersalz, Jod, Spurenelementen und natürlich Kalzium. Die gleichen Sepiaschalen kauft man besser nicht für gutes Geld, falls die eigenen Pfleglinge die Angewohnheit haben, das Angebotene zu kleinsten Stückchen zu zerbeißen. In diesen Fällen wäre ein möglichst harter, künstlicher Kalkstein die bessere Wahl.

Warnung: Grit ist im allgemeinen leicht zu besorgen und zweifellos ein gutes Produkt. Bei Vögeln, die zuvor nicht an ihn gewöhnt waren, kann Grit andererseits unter Umständen bedrohliche Magen-Darmverstimmungen zur Folge haben. Sicherheitshalber fängt man deshalb stets mit ganz kleinen Gaben an, die von Woche zu Woche etwas gesteigert werden.

Meine überwiegend schlechten Erfahrungen mit **Lebertran** berechtigen mich meiner Meinung nach zu der Warnung, Vögel nicht damit zu quälen. Zudem doch inzwischen jeder weiß, daß die Fischleber Umweltgifte ansammelt und speichert.

Ebenso sind **Vitamine** zwar nützlich, doch mit Kunstprodukten kann leicht des Guten zuviel getan werden. Was lange geleugnet wurde, gibt es nach neuester Erkenntnis doch, nämlich die Vitaminvergiftung durch Überdosierung. Einmal pro Woche oder im Winter meinetwegen zweimal wöchentlich zu Futter oder Wasser gegeben, das ist wirklich genug. Aus langjähriger Erfahrung heraus möchte ich davon abraten, stark riechende, streng schmeckende oder gar klebrige Präparate zum Trinkwasser zu geben, die dann größtenteils nur in den Ausguß wandern, weil die Vögel in Trinkstreik treten oder bei entsprechender Gelegenheit das Badewasser schlürfen.

Das bewährte sogenannte **Eifutter** der alten Kanarienzüchtergarde, seit Generationen bewährte Mischung aus Zwiebackmehl und fein zerdrücktem, ganzem, hartgekochtem Hühnerei, darf das ganze Jahr – wenn auch nicht gerade täglich – als Beifutter Verwendung finden. Im allgemeinen ergibt sich rasch eine große Beliebtheit bei den Tieren, was in der Jungenaufzucht erwiesenermaßen wertvolle Pluspunkte bringt. Man kann z. B. auch mit Hilfe moderner Küchenmaschinen mühelos eine größere Menge auf einmal herstellen, und portionsweise in der Kühltruhe aufbewahren. Vielleicht zwecks besserer Verdaulichkeit etwas Mohnsaat dazugeben.

Maßnahmen gegen Futtervergeudung

Nicht immer erweisen sich größere Futtergefäße zur Aufnahme von bunten Körnermischungen im Agapornidengehege als rundum praktisch. Auf der Suche nach ihren Lieblingssaaten haben die meisten Vogelarten die Angewohnheit, andere Futterbestandteile in der Gegend zu verstreuen, wo sie dann oft genug verderben. Große, nur in flacher Schicht gefüllte Schüsseln sind eine gewisse Hilfe. Es kommt schließlich auch auf die bei Ihnen herrschenden

Verhältnisse an, ob das erwähnte Verstreuen zur Vergeudung führt oder geduldet werden kann. Was auf glatten und vor allen Dingen trockenen Boden fällt, könnte z. B. aufgekehrt und durch einen der üblichen Futterreiniger gegeben werden. Der so wiedergewonnene Futteranteil ist überraschend groß und lohnt möglicherweise die Investition. Es ist keine üble Idee, die besonders geschätzten und immer zuerst gesuchten Sonnenblumenkerne in getrennten Näpfen anzubieten. Ich kenne andere Züchter, die kleinere Futtergefäße in größere Schüsseln bzw. flache Holzkisten hineinstellen. Auch das dämmt das leidige Verstreuen der Vogelnahrung ein.

Der Futterplatz sollte tunlichst immer derselbe bleiben. So sind mir z. B. in meiner ersten Volierenanlage neuerworbene Vögel fast verhungert, weil sie keine Futterautomaten kannten und gewohnte Näpfe in meinen Gehegen nicht fanden. Da wir gerade von Futterautomaten sprechen: Hundertprozentig verläßlich sind sie nie. Nach meinen Erfahrungen also auch niemals sicher genug, um sorglos verreisen zu können und auf einen Urlaubsbetreuer ganz zu verzichten.

Ein letzter Grundsatzgedanke eines Fachmannes zur Ziervogelfütterung überhaupt: Die Tatsache, daß Vögel am Leben bleiben und sogar Junge großziehen muß keineswegs der deutliche Beweis sein, daß sie optimal untergebracht und ernährt sind. So oft mir immer wieder jemand mit diesem überzeugt vorgetragenen Argument kommt, so oft muß ich daran denken, daß der Selbsterhaltungstrieb und der Fortpflanzungswille die stärksten Triebkräfte in der Natur darstellen. Alle Lebewesen sind also auch unter mangelhaften Lebensbedingungen bestrebt, sich auf jeden Fall zu behaupten und zu vermehren. Mehr Vogelfreunde sollten das wissen, und es gilt besonders für kleinwüchsigere Ziervogelarten, bei deren Betreuung man vielleicht glaubt, etwas sparen zu können.

Trinkwasser und Badewasser
Klares, sauberes Wasser, wenn möglich ohne Chlor, nicht zu kalt und wenigstens einmal täglich frisch, wird in seiner Wichtigkeit für Gesundheit und Wohlbefinden eines Vogels oft unterschätzt. Lassen Sie sich nie von der Beobachtung leiten, daß Unzertrennliche relativ wenig zu trinken scheinen, denn dies braucht keine gleichbleibende Erscheinung zu sein. Bei hochsommerlicher Hitze, in stark geheizten Räumen oder dort wo stark geraucht wird, empfiehlt es sich, zweimal täglich frisches Trinkwasser zu geben. Tunlichst in nichtrostenden Gefäßen, die so plaziert werden, daß Staub, Körnerhülsen und vor allem Vogelexkremente nicht hineinfallen können. Scheint die Sonne tagsüber zeitweise intensiv darauf, bildet sich ein grün-schwärzlicher Algenbelag. Algen produzieren Sauerstoff und würden an sich das Wasser sogar frischhalten! Negativ ist nur, daß sich Schmutzteilchen besonders intensiv darin festsetzen. Sollten Sie jemals aus einem Wasserglas getrunken haben, in dem sich noch Reste von Spülchemie befanden, werden Sie daran denken, Vögelnäpfe intensiv klarzuspülen. Wenns zu machen ist, sollte der Vogelhalter verhindern, daß in Trinkwassergefäßen auch gebadet werden kann.

Selbstverständlich ist der Gesundheit zuliebe eigentlich auch das Badewasser nicht zum Trinken da, aber das ist schon viel schwieriger zu unterbinden. Also reicht man vielleicht das Badewasser täglich zwar frisch, aber nur stundenweise. Die meisten Unzertrennlichen dürfen als leidenschaftliche Wasserfreunde gelten. Ohne tägliches Bad erfolgt kein richtiges Putzen, und gibt es demnach kaum ein richtig glattes, glänzendes Federkleid. Badegelegenheit verbessert auf jeden Fall auch die Zuchtaussichten beträchtlich! Umständliche Kunstgriffe zur Feuchthaltung des Nistkasteninneren werden so nach meiner Überzeugung weitgehend entbehrlich. Es soll bestätigt sein, daß es natürlich auch wasserscheue Agaporniden gibt, oder genauer gesagt solche, die nicht gerade in Wasser untertauchen wollen. In nassem Grase oder feinem Sprühwasserstrahl, oder auch in leichtem Regen während der warmen Jahreszeit, würden sie sich vielleicht gerne tummeln.

Anlagen für draußen habe ich in meinem Buch „Volieren“ (Nr. 1074) nebst Skizzen beschrieben. Sie kosten zwar etwas Wassergeld, ersparen aber eine Menge Arbeit und gestatten gleichzeitig Trinken und Baden ohne Gesundheitsrisiken. Bei kaltem Wind oder wenn im Herbst die Temperaturen sinken, ist das schon bedenklicher, zumal die Tiere offenbar kein Gespür dafür entwikkeln. Ich habe solche Anlagen im Winter mal mit Warmwasser betrieben und erleben müssen, daß Vögel bei Frost badeten und wenig später als Eisklumpen von der Stange fielen. Kommen Sie also nicht auf die gleiche Idee, so naheliegend sie zunächst auch scheint! Volierenbadeanstalten müssen notgedrungen ab Ende September bis zum Frühling geschlossen werden. Bevor das geschieht, hat der Praktiker zum Umgewöhnen bereits zwei bis drei Wochen lang Wasserspender oder dergleichen an passender, geschützter Stelle aufgehängt.

Sauberes Badewasser ist ohne Zweifel ein wirksames und zudem billiges Schönheitsmittel und Lebenselixier für alle Ziervögel in Liebhaberhand – besonders für Papageien!

Wo die Wasserversorgung im Sinne guter Vogelernährung als mangelhaft gelten muß, sei es wegen Kalkgehalt, Säuregehalt, Verschmutzung oder Chemikalienanteilen, haben Liebhaber mit ausgezeichneten Resultaten **Mineralwasser** gegeben. Die Kohlensäure entfernt man durch Schütteln der Flasche. Mineralwasser, je nach Fabrikat, ist hervorragend geeignet für eine naturnahe Mineralien- und Spurenelementversorgung. Agapornidenzüchtern, die bereits Zuchtverluste infolge Beschädigung oder Bruch der Eierschalen feststellen mußten, empfehle ich Mineralwasser wärmstens. Selbst eine Beimischung zu Leitungswasser führt zu etwas dickeren Eischalen. Wegen weiterer Tips und Kniffe darf ich vielleicht noch einmal auf mein Buch „Ziervogelernährung“ verweisen.

Schwarzköpfchen

Titelbild, Foto 1, 2

Agapornis personata personata

Die Stammform der Unzertrennlichen mit den sogenannten weißen Augenringen zeigt ein eindrucksvolles Erscheinungsbild. Als Erster hat sie der deutsche Ornithologe REICHENOW beschrieben. Besagter Ring um das Auge ist eigentlich eher ein nackter, federloser Hautstreifen, wie wir ihn auch bei manchen größeren Papageien finden. Die vier Agapornidenarten, die ihn besitzen – zunächst wurden sie für selbständige Arten gehalten – leben, geographisch betrachtet, auch eng zusammen und ernähren sich gleichermaßen von trockenen Grassaaten im Boden, die ja nur einmal zur jährlichen Regenzeit keimen und Pflanzen bilden. Selbst in Liebhaberpflege verhalten sich diese Vögel derart auffällig ähnlich, daß sie auf jeden Fall viel gemeinsam haben. Die körperlich größte Art und Nominatform wollen wir daher ausführlich behandeln und bei den engen Verwandten nur Abweichendes oder Besonderheiten klar herausstellen.

Man darf sagen, daß Personata-Unzertrennliche heute längst zu den meistgehaltenen kleineren Papageien zählen und daß die Begeisterung für diese Afrikaner geradezu stürmisch zunimmt. Selbstverständlich gilt meine Feststellung für die ganze Gruppe und nicht gleichermaßen für jede der vier Spielarten.

Das Schwarzköpfchen hat eine etwas aggressive Veranlagung. Importe bedürfen sehr sorgfältiger Eingewöhnung. Auch solche aus Japan, weshalb hier in der Bundesrepublik gezüchtete Personatas für den Anfänger zweifellos die beste Wahl darstellen. Mögen sie auch keine Stubenvögel im typischen Sinne sein, so halten sie sich doch besser im Käfig als andere Verwandte. Aufgepäppelte Einzelvögel eignen sich als nette Haustierchen und werden bemerkenswert zahm. Wie aber der Name „Unzertrennliche" schon vermuten läßt, ist Einzelhaltung naturwidrig. Ich möchte fast annehmen, daß sie sogar ungesund ist.

Bei ganzjähriger Käfighaltung in Innenräumen ist natürlich kein Nist-/Schlaf-Kasten erforderlich. Freifluggewährung im

Zimmer dagegen wäre sehr ratsam. Alles was aus Holz besteht, könnte allerdings Schaden nehmen, denn die kleinen Kerle knabbern allzugerne. Schon aus Neugier!

In Fluggehegen kann man Schwarzköpfchen mit größeren Sittichen friedlichen Naturells wie Nymphensittichen, Singsittichen oder Grassittichen zusammen halten.

Sollten Sie Japan-Importe angeboten bekommen, d. h. in diesem Falle meist Farbspielarten, so trifft es meines Erachtens heute nur noch selten zu, daß diese schwächlich, oft unfruchtbar und überhaupt wenig lebenstüchtig sein sollen. Für den Neuling empfehle ich Japanvögel dennoch nicht, weil ich ihm Enttäuschungen ersparen möchte. Der Kauf reinrassiger Schwarzköpfchen ist sicherlich nicht so einfach, wie man sich das vorstellt! Nehmen Sie einen Experten mit, falls sich das machen läßt.

Die in relativ kleinen, aneinandergrenzenden Lebensräumen Afrikas lebenden Personata-Rassen haben sich dennoch im Freileben niemals miteinander vermischt. In der Voliere dagegen tun sie es bereitwillig, was auch wieder für die enge Verwandtschaft spricht. Zusammen mit den inzwischen herausgezüchteten Farbspielarten (Mutationen) dürfte die Zahl weltweit gehaltener Schwarzköpfchen enorm groß sein. Bei weitem nicht alle davon sind rasserein. Meines Erachtens nicht einmal die Mehrheit. Aber nicht immer wirkt sich das negativ aus, obwohl der Züchter immer danach streben sollte, rein zu vermehren, wenn er kann.

Einen toten Vogel zu messen, ergibt nach meinen Versuchen keine voll zuverlässigen Werte. Der lebende hat diese Prozedur aber nicht so gern, und das ist der schwache Punkt aller Maßangaben. Das Schwarzköpfchen soll 14,5–15,6 cm Länge erreichen. Der Einzelflügel spreizt ca. 10–10,5 cm. Optisch wirken die Flügel kurz! Das Vogelgewicht liegt um 50 Gramm, mit 10 % Zugabe für das stärkere weibliche Geschlecht.

Man achte bei der hier beschriebenen Stammform immer darauf, daß der Kragen unterhalb des Nackens und quer über die Oberbrust richtig *gelb*, und daß der gesamte Kopf bis zum Genick bräunlich-schwarz ist. Mischlinge sind, wie schon erwähnt, weitverbreitet, und selbst Verwechslungen kommen immer wieder vor.

Was immer zur schwierigen Geschlechterunterscheidung empfohlen wird, ich habe alles ausprobiert, aber ich bin nur wenig klüger dabei geworden. So kann ich leider keine der zahlreichen Methoden von meiner Warte als die Beste bezeichnen. Nach dem Erscheinungsbild zu urteilen, scheint mir nach eigenen Erfahrungen nur bei Importen erfolgversprechend zu sein, und zwar dort, wo *viele* Tiere in Augenschein genommen werden können. An sich sind Männchen und Weibchen vom Aussehen absolut identisch. Wenn der Verkäufer von Zuchtpaaren einwilligt, ein geschlechtlich falsch eingeschätztes Exemplar zurückzunehmen, um so besser. Ich hatte schon brütende Hähne und eierlegende Hähne. D. h. männlich sollten sie angeblich sein. Garantiert! Besser also, man handelt gleich ein Umtauschrecht beim Kauf mit aus.

Hat man ein wirklich erprobtes Zuchtpaar vor sich, so wird dem Betrachter nicht selten auffallen, daß die Henne größer und kräftiger wirkt. Angesichts eines Schwarmes aus dem man wählen soll, wie z. B. bei holländischen Großimporteuren, bringt dieser Unterschied überhaupt nichts. Auch nicht der Versuch, nach dem angeblich flacheren Schädel der Weibchen Ausschau zu halten, und ich weiß wovon ich rede. Lassen Sie sich ruhig bei Gelegenheit von einem erfahrenen Kenner die Geschlechtsermittlung durch Betasten der Beckenknochen vorführen. Auch das habe ich nie richtig gelernt und ich bin überzeugt, daß sich diese Methode nur für zarte Frauenfinger eignet. Frauen aber haben Angst vor Papageienschnäbeln und das mit einigem Recht. Bedenken Sie auch, es geht hier um Millimeter! Bei Weibchen soll der Abstand zwischen den beiden Beckenknochen 5 – 7 mm weit sein, beim Hahn 1 – 2 mm.

Ich traue dem bekannten Spezialisten und AZ-Kollegen BISCHOFF durchaus zu, daß er von der Fußstellung seiner Tiere auf die Beckenbeschaffenheit und damit auf das Geschlecht des Einzelvogels zu schließen vermag. Jeder, der sich auf eine Sache spezialisiert, leistet schließlich darin beachtliches. Ein Rezept für den Durchschnittsliebhaber läßt sich daraus leider nicht ableiten, und so ist und bleibt die Paarzusammenstellung eine erste schwere Hürde, bevor man mit der Zucht beginnen kann.

Jungvögel von *Agapornis personata personata* sind matter und dunkler in den Gefiederfarben. Ausgeprägt besonders im Kopfbereich. Vorübergehend finden sich kleine schwarze Flecken auf den Oberschnäbeln zur Schnabelwurzel hin. Das Schwarz im Gefieder ist noch nicht so dunkel.

Immerhin ist die Beringung des Nachwuchses zwecks besserem Auseinanderhalten sehr ratsam. Vielleicht auch das Markieren nach dem Geschlecht, sobald sich dafür irgendwelche Anhaltspunkte zeigen. Diese Kennzeichnung kann durch Farbtupfen oder Beschneiden einzelner Federn geschehen. Dagegen habe ich sehr schlechte Erfahrungen mit der Praxis gemacht, Agaporniden (auf Dauer) mehr als einen Ring anzulegen.

Die ersten lebenden Schwarzköpfchen sollen 1925 von einem amerikanischen Naturforschungsreisenden in seine Heimat mitgenommen worden sein. Die ersten kommerziellen Importe in das damalige Deutschland und das übrige Europa haben nach der Überlieferung 1927 begonnen. Zuchterfolge stellten sich sofort ein. In Deutschland und in der Schweiz bereits im Jahre 1928. Lange aber hat Amerika, zumal es von Kriegseinwirkung verschont blieb, in der Personatazucht einschließlich erster Farbspielarten einen enormen Vorsprung gehalten.

Kommen wir nun auf Bemerkenswertes im Zusammenhang mit der Schwarzköpfchenhaltung zu sprechen: Diese Vögel sind erstaunlicherweise leidenschaftliche Wasserratten, brauchen also immer Badegelegenheit. Auf freihängenden Sitzstangen schlafen sie nicht gern, suchen also immer gerne etwas Anlehnung und Deckung.

Nach vieljähriger Volierenhaltung bin ich überzeugt, daß Angehörige der Personata-Gruppe nicht wirklich zänkisch sind, und daß man ihr typisches Wesen nicht derart mißdeuten soll. Leichte Streitigkeiten untereinander kommen sicherlich nicht gerade selten vor und werden durch Vorstrecken der Schnäbel und Hacken nach des Gegners Füßen ausgetragen. In der Mehrheit der Fälle aber mehr als Drohgebärde, statt wirklich ernsthaft. Richtig ist, daß die Weibchen schneller beißen oder hacken. Auch wirklich gute Ehepaare kabbeln sich öfters, doch wenn die Brut erst richtig ihren Anfang genommen hat, hört das Geplänkel fast auf. Auftauchende Feinde an der Voliere werden zunächst durch gemeinsames Zetern und Kreischen abgeschreckt, was bei Katzen oft wirksam ist.

Schwarzköpfchen trinken bemerkenswert häufig und viel, was der Halter wissen und ermöglichen muß. Ferner sind frische, saftige Zweige wichtig für die Gesunderhaltung auch außerhalb der Fortpflanzungsperiode, in der sie als Baumaterial Verwendung finden müssen. Sie sind meiner Ansicht nach besser als viele Medikamente!

Zur Volierenhaltung ist manches zu sagen, das nicht so Versierten unangenehme Erlebnisse ersparen kann: Nicht alle Schwarzköpfchen sind gleichermaßen abgehärtet gegenüber kalter oder nasser Witterung, bzw. Frostnächten im Winter. Je fleischiger der Fuß eines Vogels und je größer die Luftfeuchtigkeit ist, um so mehr kommt in der kalten Jahreszeit die Gefahr von Fußerfrierungen hinzu. Besonders nachts sollte man dann Schwarzköpfchen in ein Schutzhaus einschließen. Bietet man in der Winterzeit zwar leere Nistkästen als Zuflucht, jedoch keinerlei Baumaterial, kommt es meist nicht zu Eiablagen. Eine Garantie dafür ist allerdings nicht zu geben, denn der Bruttrieb ist stark.

Wenn es zu Brutversuchen bei kalter Witterung kommt, leiden die Hennen der Schwarzköpfchen leider mehr als andere Verwandte an Legenoterscheinungen. In kühlen, nassen Sommern passiert Gleiches sogar manchmal in Volieren ohne Zufluchtsraum. Besonders ausgeprägte Anpassungsfähigkeit gerade in klimatischer Hinsicht hat sich bereits im afrikanischen Biotop klar gezeigt. Andererseits braucht sie Zeit, und ich denke immer noch mit Schaudern daran, welche Sorgen ich wintertags ausgestanden habe, als meine Paare in der Außenvoliere verblieben. Da zweifelt man die gedruckten Zusicherungen, daß sie es ohne weiteres aushalten, sehr bald an. Aus gleichem Grunde möchte ich es also nicht verantworten, von Winterfestigkeit zu reden.

Meine durch viele Erfahrungen untermauerte Meinung: Bis in die Nähe des Gefrierpunktes geht es. Bei Dauerfrost müssen Schwarzköpfchen entweder ins Haus genommen, bzw. muß im soliden Schutzhaus durchgeheizt werden.

Holzteile von Volieren werden angeknabbert. Weil dies die Konstruktion schwächen könnte, – vor allem aber um Mitbewohner in angrenzenden Abteilen vor Beinverletzungen zu bewahren – führt man bei der Unzertrennlichenhaltung Trennzäune aus Maschendraht gern doppelt aus. Also in einer Art, daß das Tragegerüst innen zwischen den beiden Drahtwänden zu liegen kommt.

Wie macht sich nun die Brutbereitschaft bemerkbar? Unter Balz versteht man als Vogelliebhaber ganz etwas anderes. Der Hahn dieser Agapornidenart ist sehr passiv. Die Henne muß ihm regelrecht die Paarungsbereitschaft signalisieren und tut das durch Aufplustern ihrer Federn. Also keine Angst, daß dies etwa ein Krankheitszeichen sei! Nähert sich der schüchterne Hahn dann schließlich, so bettelt das Weibchen ihn um Atzung an. Der Aufforderung kommt er aber keineswegs schnell nach, sondern typisch und belustigend ist, daß er sich erst häufig wie verlegen am Kopf kratzt.

Das alles läuft keineswegs so schnell ab, wie ich das niederschreibe. Schließlich kommt eine kurze, eher symbolische Fütterung zustande, die ein Schlüsselreiz sein muß.

Der Besteigungsakt, denn von „Befliegen“ kann hier kaum die Rede sein, kann jetzt stattfinden. Um den immer noch recht unentschlossenen Hahn weiter zu ermutigen, duckt sich das Weibchen und läßt seine Flügel etwas hängen. Schwerfällig klettert das Männchen auf ihren Rücken und nun kann die Paarung einige Minuten dauern. Als Regel kann ich das andererseits nicht anführen, denn auch nur ein kurzer Begattungsakt von 15–20 Sekunden Dauer kommt vor. Tonangebend bleibt immer der weibliche Teil, denn die Henne kann durch Kopfanheben den Akt jederzeit abbrechen. Ansonsten steigt der Hahn über den Kopf der Partnerin ab, und nach meiner durch Beobachtungen untermauerten Überzeugung ergeben nur solche störungsfrei wie vollständig abgelaufenen Paarungen befruchtete Eier im Gelege.

Zum eigentlichen Befruchtungsvorgang dreht das Männchen seinen Schwanz um den stark angewinkelten Schwanz des Weibchens, wobei es durch Festbeißen in deren Nackengefieder Halt gewinnt. Dem Augenschein nach ist die Paarung anstrengend, denn zumindest der männliche Partner wirkt danach minutenlang teilnahmslos und sichtlich erschöpft. Die Henne stößt ihn dann aufmunternd mit dem Schnabel an.

Bei sehr zahmen Paaren, die eine nahe Beobachtung beim Paarungsakt nicht stört, kann man im richtigen Moment den Samenerguß auf der Kloake der Henne sehen. Eine für Züchter nützliche Beobachtung speziell bei Neuverpaarungen und Zweifeln an der Fruchtbarkeit.

Nistmaterial wird vom Schwarzköpfchen und seinen engen Verwandten der Personata-Gruppe mit dem Schnabel in die gewählte Nisthöhle hineingetragen. Es entsteht langsam aber sicher ein großes, oben überwölbtes Nest, und der Boden wird ebenfalls zentimeterhoch mit Polsterstoffen bedeckt. Man kann die Zuchtvögel nur frustrieren und in der Ausübung ihres Fortpflanzungsgeschäftes hemmen, wenn man zu kleine Niststätten anbietet. Leider ein weitverbreiteter Fehler, seit die Fachliteratur begann, Wellensittich-Nistkästen zu empfehlen.

Der Züchter kann die Dauer des Nestbaus durch die Materialgaben einigermaßen steuern. Nach meinen häufigen Beobachtungen mit Notizen kann die Erstellung der Kinderstube durchaus 3–4 Wochen in Anspruch nehmen. Auch kann ich mit Sicherheit sagen, daß vergleichsweise viel mehr Sorgfalt beim Bau aufgewendet wird, als bei anderen Unzertrennlichen üblich ist. Ähnlich sorgsam baut vielleicht noch das Grauköpfchen *(A. cana)*. Zweige und Rindenstreifen sind die beliebtesten Baumaterialien. Ich besorge mir aus Parkanlagen und von Friedhöfen die langen Zweige von Trauerweiden, die das Beste sind, was man bieten kann. Ist so etwas nicht greifbar, rate ich zu dünnen Haselnußruten. Dann wären noch gleichfalls dünne Obstbaumzweige brauchbar.

Das Abschälen besorgen die Vögel sehr geschickt selbst. Weidenzweige sind nicht nur die saftigsten, sondern behalten ihre Feuchtigkeit auch am längsten.

Nach allem Vorgesagten wird mir der Leser gern glauben, daß ein innen geräumiger Nistkasten entscheidend zu guten Zuchterfolgen beiträgt. Man baut sich am besten selbst eine Serie aus ungehobelten Brettern und rechnet ca. 30 x 30 cm innere Grundfläche, sowie wenigstens 35 cm lichte Höhe. Der Querschnitt des Einschlupfloches soll 5–6 cm betragen. So ein Kasten aus 15–18 mm starken Brettern hat natürlich ein ziemliches Gewicht. Und weil auch die Bewohner oft und heftig daran anfliegen, muß der Züchter unbedingt für eine absolut sichere Befestigung sorgen. Ich verwende immer zwei Ösen!

Es wird zwar relativ schwierig werden, zwecks Kontrolle ins Innere des ausgebauten Nestes zu blicken, denn der Einschlupf wird zur Kastenrückwand angeordnet. Die Henne gelangt also erst mit einer 180-Grad-Drehung auf Gelegeniveau, und das Tageslicht ist nahezu völlig ausgeschlossen. Dennoch hält sich der Pfleger die Möglichkeit einer Inspektion offen, weshalb es ratsam ist, die Niststätten nicht höher zu hängen, als man auf dem Gehegeboden stehend mühelos greifen kann. Nur krasse Anfänger klettern in Volieren mit Stühlen oder Stehleitern herum. Tun Sie das nie! Oder nur außerhalb der Brutzeit und in Abwesenheit der Tiere. Ich darf noch empfehlen, den Nistkasteneingang in die linke obere Ecke der Frontseite zu legen und rund 8 cm tiefer eine runde, kurze Anflugstange vorzusehen, auf der der Hahn besonders gerne hocken wird. Aber auch gegen Anflugbrettchen an der Unterseite der Kästen ist kaum etwas einzuwenden.

Den Nestbau übernimmt vornehmlich das Weibchen. Nach dem erfolgreichen Schlüpfen der Brut kann es nochmals nach Baumaterial Ausschau halten, vorausgesetzt solches ist noch greifbar. Ich neige zur Ansicht, daß man ein paar Zweige anbieten sollte. Bei den vielen Generalreinigungen stark gebrauchter Nistkästen von Unzertrennlichen stellte ich oft genug fest, daß auf diese Weise Kotanhäufungen überdeckt worden waren. Natürlich haben die Altvögel auf gleiche Weise oft genug auch Schiereier oder Nestlingsleichen begraben, die mir mumifiziert später auffielen. Dieser Trieb hat also sein Gutes.

Die Bewachung der werdenden Kinderstube übernimmt das Männchen. Nicht ganz ernsthaft übrigens. Wollte eine andere Schwarzköpfchenhenne den Kasten erobern, und solche Versuche kommen bei Koloniebrut leider mal vor, so vermag er sie nicht daran zu hindern. Sechs Monate alte Jungvögel schreiten bereits zur Fortpflanzung. Da muß man also aufpassen! Immer mehr Nistkästen aufzuhängen, als Paare vorhanden und brutwillig sind, ist ein wichtiges Geheimnis guter Zuchterfolge, das Züchter gern für sich behalten. Mein eigenes Rezept lautet: Sieben Nistkästen für drei Zuchtpaare.

Als Badegelegenheit im Zuchtgehege biete man einen feinstrahligen Springbrunnen oder Ähnliches, und braucht sich dann um die vielen, zur Feuchthaltung des Nistkastens so empfohlenen Kunstgriffe nicht mehr zu kümmern. Manches, was da propagiert wurde, ist nicht nur absurd, sondern auch noch mühsam und zeitraubend.

In Afrika sollen die wildlebenden Schwarzköpfchen bis zu acht Eier legen. Vier bis fünf weiße Eier sind bei Nachzuchttieren die Norm. Während der Eiablagezeit zeigt das Weibchen mitunter etwas flüssigen Kot, was nach Durchfall aussieht, aber meist von selbst wieder weggeht. Eine normale Erscheinung.

Ist man ein ernsthafter Agapornidenzüchter, so zählt man nicht die Tage der Brutzeit, sondern wartet einfach ab. So habe ich bald mit entsprechenden Notizen aufgehört, denn die Unterschiede erwiesen sich als beträchtlich. Ich denke, der mittlere Wert liegt bei 23 Tagen. Als Vorteil ist zu werten, daß Personata-Hennen erst ab dem vierten Ei fest brüten, weshalb dann der Schlupf der Jungen einigermaßen gleichzeitig erfolgt, und keine oft nachteiligen Alters- und Größenunterschiede im Nest auftreten. Überraschungen erlebt man allerdings öfters bei der Erstbrut von Nachwuchsweibchen.

Das erste Gelege der neuen Zuchtsaison ist oft genug schier, das heißt unbefruchtet. Der Züchter kann wenig dagegen machen, solange nicht zu frühes Ansetzen im noch zu kalten Frühjahr die Ursache ist.

Auch tote Embryonen in der Eischale gibt es immer wieder einmal. Selbstredend bin auch ich darüber im Bilde, daß der Tod im Ei angeblich Ursache zu geringer Feuchtigkeit sein soll. Aber wenigstens ich will davon absehen, diese Theorie noch einmal aufzuwärmen. Gerne will ich jedem Leser und auch meinen Autorenkollegen eine eigene Meinung zugestehen, doch meine Überzeugung ist gefestigt: Der Zuchtfreund soll sich nicht in Versuchung führen lassen, mit einem der zahlreichen Kunstgriffe die Feuchtigkeit zu heben und der Ratschlag, die Nistkästen mit dem Gartenschlauch abzuspritzen ist meines Erachtens grober Unfug! Legen Sie auch keine nassen Schwämme in den unteren Teil der Nistkästen, wo ganz Kluge sogar schon Wassergefäße eingebaut haben. Das Resultat aller Nachhilfen ist meines Erachtens fast immer negativer, als den Dingen ihren natürlichen Lauf zu lassen. Nur ständige Badegelegenheit für die Zuchtpaare halte ich für enorm wichtig. Ich habe den erwähnten Springbrunnen mit Auffangschale, den man fertig kaufen kann, oder eine Rinne mit ständig frisch fließendem Wasser angeboten.

Der Hahn beteiligt sich zeitweise am Bebrüten des Geleges. Er ist meist innerlich erstaunlich stark am Fortpflanzungsgeschäft beteiligt und wird z. B. sehr aufgeregt, wenn der Nachwuchs aus den Eiern kriecht. Leider wird es öfters vorkommen, daß die eine Brut noch nicht ausgeflogen ist oder nachts noch regelmäßig in den Kasten zurückkrabbelt und doch bereits neue Eier gelegt werden. Auch deshalb braucht man innen Platz!

Bei Koloniebrut habe ich miterlebt, daß Altvögel die Jungen anderer Paare gejagt und gehackt haben. Ganz problemlos züchten Schwarzköpfchen also doch nicht, wenngleich ihre Zucht eindeutig als einfach gelten darf.

Bleiben wir noch bei der Jungenentwicklung: So wie die Nestlinge heranwachsen, nimmt der Trinkwasserbedarf stark zu. Das sollte der Züchter unbedingt wissen und berücksichtigen, und ich bin immer wieder erstaunt festzustellen, daß selbst alte Hasen noch nicht darauf gekommen sind.

Die noch sehr jungen Nestlinge sind mit orangefarbenen Daunen bedeckt. Das gilt aber nur für die naturfarbenen Tiere. So zeigen die Nestlinge blauer Personatas bestenfalls blaßrosa Flaum, meist aber weiße Daunen. Man kann also schon im Nest unterscheiden, und solches Wissen ist von großem Wert für den Farbenzüchter, der mit gemischten Nachkommen rechnen muß. Die Augen junger Unzertrennlicher öffnen sich erst um den 10. Lebenstag. Sobald Junge im Kasten liegen, darf ich Ihnen sehr empfehlen, auf Spaziergängen eine Schere mitzunehmen, und von wildwachsenden Gräsern die Ähren zu sammeln. Sie sind ein hervorragendes Aufzuchtfutter, das ich nie ausgelassen habe, zumal es nichts kostet.

Ende der 3. Lebenswoche beginnen die Kiele der Großfedern durch die Haut zu kommen. Die jungen Schwarzköpfchen verlassen etwa mit 44–47 Tagen zum ersten Mal den Kasten und werden noch ca. 14 Tage draußen auf der Stange gefüttert. Jungvögel der Farbspielarten entfliehen eigentlich fast immer einige Tage zu früh der Kinderstube. Das ist ein erhöhtes Risiko, da sie ja immer etwas schwächer ausfallen. Wer es in dieser kritischen Zeit nicht schaffen kann, seine Zuchtstätten regelmäßig zu kontrollieren, wird noch erhebliche Verluste erleiden, wo er es gar nicht mehr erwartet. Diesbezügliche Anfragen von Züchtern lassen mich vermuten, daß diese Zusammenhänge nicht einmal sehr bekannt sind.

Ich habe ebenfalls öfters miterlebt, daß frisch dem Nistkasten entschlüpfte junge Personatas noch zu schwächliche Füße haben, um sich schon die ganze Nacht auf einer dünnen runden Sitzstange zu halten. Sie fallen also schließlich herunter, und wenn es zu dieser Zeit oder in dieser Nacht stark regnet, sind sie in der Gartenvoliere verloren. Als Rettung bietet man 2–3 cm breite Sitzleisten und ordnet eine davon vorübergehend dicht über dem Gehegeboden an. Übersieht der Betreuer den einzelnen, besonders mutigen Jungvogel, der schon die Kinderstube verlassen hat, so wird auch dieser oft genug seine Vorwitzigkeit mit seinem Leben bezahlen. Er findet nicht allein zum Futterplatz, kann meist sowieso noch nicht ganz allein fressen, und die Eltern versorgen nur die Geschwister, die im Kasten geblieben sind. Die Wahl besteht jetzt zwischen Zurücksetzen oder Aufpäppeln per Hand. Achten Sie als Züchter demnach unbedingt darauf, ob die kleinen Personatas womöglich nicht am gleichen Tag den ersten Ausflug machen. In Zuchtabteilen und Käfigen sind Gefahren nicht so groß. Andererseits werden gerade auf so engem Raum die eigenen Jungen von wieder brutlustigen Eltern wesentlich öfters verfolgt und gebissen.

Man fragt mich häufig danach, welches Aufzuchtfutter ich gebe. Man hat da die Wahl zwischen käuflichen Fertigprodukten, einem Eifutter, wie es Kanarienzüchter verwenden, und Weichfressermischungen aus dem Zoogeschäft. Seit es so etwas gibt, habe ich Fertig-Aufzuchtfutter gerne gegeben. Voraussetzung ist allerdings, daß man die Zuchtpaare rechtzeitig daran gewöhnt hat. Daß sie Unbekanntes sofort annehmen, ist nicht wahrscheinlich.

Beringt werden junge Schwarzköpfchen wie alle Agaporniden kleinerer Statur mit Ringen von 4,5 Millimeter Innendurchmesser. Ein Praktiker riet mir schon vor vielen Jahren dazu, an beiden Füßen zu beringen, und zwar mit einem geschlossenen und einem offenen, später zu entfernenden Ring. Beide sollten vor Verwendung in schwarze Farbe getaucht werden, die natürlich ungiftig sein und gut trocknen muß. Tatsächlich nehmen bei Befolgung dieses Ratschlages die Verletzungen und Fälle von Hinauswerfen der beringten Jungtiere aus dem Kasten sofort spürbar ab, denn die Eltern wollen die Fremdkörper entfernen, aber daß ihre Jungen daran hängen, kommt ihnen offenbar nicht zum Bewußtsein. Natürlich macht die beschriebene Vorsorge wieder mehr Arbeit.

Sollten Jungpersonatas von ihren Eltern infolge neuer Brutvorbereitungen im Gehege gejagt, gebissen oder gerupft werden, bringt man sie in einen Metallkäfig ein, an dessen Front man zwei Sitzstangen 10 cm durchragen läßt. Diesen Käfig hängt man ins Gehegeabteil, und wenn es sich um ein altes Modell handelt, wird man zwei oder drei der Drähte entfernen, damit die Jungen ihre Köpfe durchstecken können.

Den Versuch sollte der Züchter auf jeden Fall machen, denn oft genug besinnen sich die Altvögel angesichts ihrer bettelnden, schreienden Zöglinge auf ihre Versorgungspflichten.

Mutationen und ihre Entstehung

Herrn Dr. DUNCKER's bahnbrechende Vererbungsregeln für die zahlreichen Wellensittich-Farbschläge gelten gleichermaßen für Agaporniden. Der Grünfaktor, d. h. die Wildfarbe, ist in der Regel Dominant (sich durchsetzend). Lesen Sie in einem Angebot z. B. von grün/blauen Vögeln, so bedeutet das, daß Grün sichtbar ist, während Blau als Erbanlage zwar vorhanden, aber eben nicht herausgekommen ist. Die Farbenzucht ist trotz der sich ergebenden Mehrarbeit nur in Zuchtboxen ratsam, weil es auf die garantiert richtige Verpaarung ankommt. Die Züchterkunst liegt nicht so sehr darin, eine neue Mutation, d. h. Färbung, hervorzubringen, die sich, mit etwas Glück, gelegentlich von selbst ergibt. Er muß es vielmehr zielstrebig verstehen, solche zufälligen Seitensprünge der Natur erbmäßig zu verankern. Der geringste Denkfehler bei weiteren Verpaarungen läßt oft alle Chancen für eine Neuzüchtung schwinden. Mir ist es zu meiner großen Enttäuschung auch einmal so gegangen. Mutationen treten auch in Freiheit auf, halten sich aber selten. Abnorm gefärbte Vögel werden von den Artgenossen totgebissen, aus dem Schwarm ausgeschlossen oder rasche Beute von Raubvögeln, wenn sie zu auffällig sind. Nur im Züchtergehege kann also bleibendes entstehen.

Aber auch eine gefestigte Farbmutation kann wieder verschwinden, wenn sie nicht in einigermaßen regelmäßigen Abständen durch Einkreuzungen sozusagen aufgefrischt wird. Das betrifft ganz besonders den schönen blauen Personata.

Ein ausgezeichneter Artikel vom AZ-Kollegen BERNHARDT unter dem Titel: „Anwendung der Erbformeln bei Personata-Mutationen“ erschien im Novemberheft 1979 der AZ-Nachrichten. Eine Einschränkung muß ich dabei machen: Für die Farbenzucht mit Schwarzköpfchen nach Wellensittich-Erbformeln ist nämlich Voraussetzung, daß die Zuchtvögel kein Mischlingsblut in sich tragen. Andernfalls muß man diese Faktoren auch noch mit berücksichtigen, und wer will sie genauer kennen? Alle Agapornidenarten mit dem weißen Augenring paaren sich untereinander und das Schwarzköpfchen sogar mit *Agapornis roseicollis.*

Die erste blaue Mutation soll 1927 sogar aus Afrika mitgebracht worden sein. 1932 lagen die ersten Blauen in Frankreich im Nest. Die meisten blauen Schwarzköpfchen werden heutzutage in kalifornischen Züchtervolieren groß. Sie ziehen im Zoohandel großes Interesse auf sich, vermehren sich gut, müssen aber warm überwintert werden. Über die Attraktivität kann man selbstverständlich verschiedene Meinungen haben. Die blaue Mutation vererbt autosom-rezessiv.

Über den größten amerikanischen Spezialzüchter blauer Personatas, der viele Jahre das Angebot in den Staaten beherrschte, las ich schon kurz nach dem Kriege, als ich drüben in Gefangenschaft war. Es war ein Mr. RUDKIN, der sicher tausende auf die Stange und unter die Leute brachte. Mitte der dreißiger Jahre hatte er begonnen und befand sich 1945 bei Kriegsende auf dem Höhepunkt des Erfolges, während in Europa alle Bestände vernichtet waren. Nicht zuletzt dank seiner Bemühungen war der damalige US-Preis für blaue Schwarzköpfchen niedriger, als die Notierung für Importtiere. Da konnte man als Europäer wirklich neidisch werden.

In Kalifornien traten 1935 auch die ersten rezessiven Gelben auf. Bei ihnen sah man noch in sehr abgeschwächter Intensität das Naturblau einzelner Federn und die schwärzlichen Melaninpigmente. Nach dem Vorbild des Wellensittichs können weitere Farben, z. B. durch Kombinationspaarungen selbständiger Farbspielarten (Mutationen), herausgezüchtet werden. So schufen

Könner in Japan Vögel, die weißlich aussahen, das Schwarz im Kopfbereich aber beibehielten. Fiel Sonne auf diese Neuzüchtung, so sah man, daß sie eigentlich eisblau, d. h. weiß mit Blauschimmer war. Mitte der fünfziger Jahre machte der von Deutschen gerne besuchte Vogelzoo und Handel „Animali“ in Eindhoven (Niederlande) viel Reklame mit solchen Fernost-Importneuheiten. Auch ich fuhr hin, um mir die Wundertiere anzusehen. Sicher war ich sogar beeindruckt, aber zum Kauf reizte mich diese Mutation nicht. Ein Glück, denn bald schon nahm das aufgeflackerte Interesse wieder ab. Ein völlig weißer Personata ohne Maske, sofern das schön sein soll, ist auch schon mal aufgetaucht. Auf Neuzüchtungen verstehen sich vor allem die dänischen Papageienfreunde.

Weitere Farbvarietäten sind beim Schwarzköpfchen aufgetreten. Weißblaue, Gelbe mit grünlichem Schimmer, Zimter, Schekken, und Buttercups (Lutinos). Ebenso ist es gelungen, das Gelb der Naturfärbung in Orangerot zu vertiefen, was sehr schön aussehen kann.

Je mehr Züchter sich heute den Unzertrennlichen zuwenden, um so eher wächst die Wahrscheinlichkeit, daß wir noch mit weiteren Farbspielarten rechnen dürfen.

Für den Einsteiger in die an Popularität zunehmende Agapornidenzucht ist das Schwarzköpfchen sehr zu empfehlen. Mein Ratschlag für Anfänger lautet: Züchten Sie von Anfang an mit mehreren Paaren. Lassen Sie jedes Paar pro Jahr zwei, bewährte Zuchtpaare später vielleicht drei Bruten machen. Trachten Sie immer danach, Ihre Zuchtvögel gesund zu erhalten, gut zu verpflegen und optimal zu betreuen. Aber grämen Sie sich nicht wegen Verlusten beim Nachwuchs, denn solche ganz zu vermeiden, schafft nicht einmal der Spitzenkönner! Zu Selbstvorwürfen ist nur Anlaß, wenn man nachlässig gewesen ist und die Fehlschläge selbst verschuldet hat. Immerhin kann man es beim nächstenmal dann besser machen.

Betrachtet man die ganze, doch eigentlich relativ kleine afrikanische Agapornidengruppe, so ist das Schwarzköpfchen nach dem Rosenköpfchen zweifellos die weltweit zweitbeliebteste Art. Die Stämme naturfarbener Personatas sind noch gesund und robust. Die Stämme der Farbspielarten dagegen könnten wahrscheinlich eine intensive Blutauffrischung gebrauchen. Besonders die Verpaarung blau x blau, beliebt, weil sie nur blaue Nachkommen erbringt, verdirbt rasch die gute Kondition dieser beliebtesten Farbspielart. Es gehört eben doch einiges Wissen zur erfolgreichen Ziervogelzucht.

Rußköpfchen

Foto 3

Agapornis personata nigrigenis

Will man die wesentlichen Unterschiede zwischen Schwarzköpfchen und Rußköpfchen herausstellen, so achte man auf Körpergröße und das gelbe Brust-Nacken-Gefieder der Stammform *A. p. personata,* da beide nicht selten verwechselt werden. Beim kleineren Rußköpfchen ist das Federkleid an den genannten Stellen grün, so ähnlich es insgesamt betrachtet bei beiden verwandten Unzertrennlichen auch wirken mag. Der Augenring ist gemeinsames Merkmal. Unterschiede gibt es beim Gewicht, wo das ausgewachsene Rußköpfchen höchstens um 40 Gramm auf die Waage bringt und allenfalls besonders kräftige Weibchen 5 g mehr wiegen. Eindeutig wirken Rußköpfchen auf den Betrachter besonders zierlich und niedlich.

Diese Kleinpapageien erreichten 1908 zum ersten Mal lebend Europa. Warum sie es auf Dauer weder zu großer Beliebtheit noch zu wenigstens durchschnittlicher Verbreitung und Vermehrung in Liebhaberhand bringen konnten, ist kaum erklärlich. So dauert auch heute die Beschaffung wahrscheinlich etwas länger. Die Rede ist selbstverständlich von reinrassigen Exemplaren, denn betrübt muß ich zugeben: Gerade bei hiesigen Nachzuchten ist die erwünschte Reinerbigkeit kaum die Regel. Ein unerfreulicher Zustand, besonders wenn Ahnungslose mit solchen Kreuzungsprodukten hereingelegt werden.

Das Freilandvorkommen beschränkt sich heute auf ein sehr kleines Territorium im früheren Nordrhodesien (Zimbabwe). Dort strichen die Eingeborenen viele Jahre lang ganze Waldränder um reifende Hirsefelder herum mit Vogelleim ein, um die Ernteschädlinge loszuwerden. Der „Erfolg“ kam vielerorts der Ausrottung bedenklich nahe. Heute rechnet man das Rußköpfchen als ersten Agaporniden zu den existenzgefährdeten Vogelarten! Dabei waren diese attraktiven kleinen Papageien Afrikas ebenso bekannt wie gefragt bei europäischen Vogelliebhabern, bevor der 1. Weltkrieg und die folgende Wirtschaftskrise vieles verdarben.

Diesem ersten Einfuhrhöhepunkt, der nicht von langer Dauer war, sollte im benachbarten Großbritannien nur noch ein zweiter nach 1927 bis gegen Mitte der fünfziger Jahre folgen. Wie Sie sehen, war jetzt der Rückgang der Bestände wesentlich verlangsamt, und doch bleibt es ein unerklärlicher Fall in der Geschichte der Liebhaberei, wieso zweimal hohe Anfangsbestände bis fast auf den Nullpunkt wieder abnahmen. Man darf sagen, daß das Rußköpfchen als Pflegling der Krummschnabelfreunde zweimal fast untergegangen wäre.

Als dann 1945 ganz Europa vor den Trümmern des Krieges stand, war übrigens auch der rhodesische Wildbestand fast ausgelöscht, denn in den Kriegswirren hatte niemand Zeit oder Interesse aufgebracht, sich um die Eindämmung privater Vernichtungsfeldzüge zu kümmern. Es ist das große Verdienst der damals noch zuständigen britischen Kolonialbehörden, die totale Ausrottung in letzter Stunde verhindert zu haben. Wie es die neuen schwarzen Herren mit dem Tierschutz halten, ist höchst ungewiß. Heute ist es also wieder einmal fünf Minuten vor zwölf.

Europas Agapornidenfreunde müssen die betrübliche Feststellung machen, daß die guten Chancen der Liebhabernachzucht nie nennenswert genutzt wurden. Eben noch rechtzeitig ergriffen stattdessen Japaner die Initiativen. Wogegen wir Rußköpfchenbestände dahinschwinden ließen, und der einzelne Halter das, was noch übrigblieb, oft genug mit *A. lilianae* oder *A. p. personata* bastardisierte. Nicht immer auffällig übrigens bei den vermischten Nachzuchttieren, in denen sich das Erscheinungsbild des Rußköpfchens dominant durchsetzt. Das ändert aber nichts daran, daß solche spalterbigen Mischlinge eindeutig zweite Garnitur sind. Papageienkenner de GRAHL gibt den Rat, Vögel mit schwarzen Köpfen, reinem Gelb an der Kehle oder Blau auf den Oberschwanzdecken immer als Kreuzungsvögel anzusprechen.

Wollte man nun eine bundesdeutsche Züchtergruppe, vielleicht unter Schirmherrschaft der bekannten AZ, mit der Aufgabe betrauen, sich für ein Überleben des schönen Rußköpfchens im Liebhabergehege zielstrebig einzusetzen, so müßte zunächst noch einmal ein Kontingent rassereiner Wildfänge importiert werden. Vielleicht ergreift ein organisatorisch versierter Idealist diese Chance, denn es mag die letzte sein.

Wieso konnten diese netten Tierchen derart wenig Anklang bei uns finden? In Haltung wie Zucht sind sie doch recht dankbar und unproblematisch in Betreuung und Ernährung. Ja, es wäre gerechtfertigt, sie als liebenswürdigste unter den Agaporniden zu loben, was allerdings eher für Umgang mit dem Menschen als Ersatzpartner gälte. Immerhin, die Gemeinschaftsunterbringung mit anderen Exoten in geräumigen Schauvolieren wurde verlustlos praktiziert, und ebenso ist die Koloniebrut mehrerer gemeinsam untergebrachter Zuchtpaare schon manchem Züchter ohne große Schwierigkeiten geglückt. Das alles spricht für vergleichsweise geringere Aggressivität. Ferner wurden von geduldigen Vogelfreunden in Zähmung und Abrichtung erstaunlich gute Resultate erzielt.

Die erste Volierenzucht gelang nach britischer Überlieferung schon ein Jahr nach dem Erstimport. Hier soll 1909 gleich die höchste Jungvogelzahl in nur zwei Bruten erzielt worden sein, nämlich fünfzehn. Die höchste Anzahl Bruten pro Jahr betrug in warmem Klima fünf. Wollen wir zu einem sicher bescheidener ausfallenden eigenen Zuchterfolg kommen, stehen wir zunächst vor der Hürde der Geschlechtsunterscheidung. Hat man erst einmal gesunde und miteinander harmonierende Paare, klappt es mit dem Nachwuchs recht zuverlässig und auch regelmäßig. Rußköpfchen sind sehr gute Eltern. Außerdem nach Eingewöhnung erstaunlich wetterfest einschließlich der Fähigkeit zum Ertragen beachtlicher Temperaturschwankungen. Überzeugt bin ich dennoch, daß Rußköpfchen mäßigen Frost kurzzeitig zwar erstaunlich gut aushalten, es aber trotzdem nicht empfohlen werden kann, die Tiere mehr als drei Stunden täglich Minusgraden auszusetzen. Vor allem gehören sie noch vor Sonnenuntergang ins Schutzhaus. Gefährlich kann es werden, wenn Pfleger frühmorgens, noch vor dem Weg zur Arbeit, ihre Vogelschar in die Kälte hinauslassen. Schon mit Rauhreif bedeckte Sitzstangen lassen

Fußglieder erfrieren, wodurch bei Hähnen später die Paarungsfähigkeit leidet.

Von allen Angehörigen der Gattung *Agapornis*, die heute beschaffbar sind, haben wir in den zierlichen Rußköpfchen die besten Stubenvögel vor uns. Das ist so zu verstehen, daß ein Leben im Käfig für viele in diesem Buch beschriebene Verwandte ein Zwang ist, der zu Tobsucht oder Phlegma, Unlust, Gesundheitsstörungen und verfrühtem Tode führen kann. Sinngemäß kann man auch für *A. p. nigrigenis* durchaus Zuchtversuche in Flugkäfigen, Regalboxen oder kleinen Innenvolieren befürworten, wobei die dann womöglich noch zahlreichere Nachzucht zu guten Preisen auf viele Jahre hinaus Abnehmer fände. Gleichzeitig wären solche Zuchten sehr wichtig für die Erhaltung der Art in bundesdeutschen Liebhaberbeständen. Wollen Sie es nicht mal versuchen?

Es gibt in der Zucht einige kleinere Probleme, die man wohl nur deshalb bisher unzureichend geklärt hat, weil eben bei so geringen Beständen Interesse und Erfahrungsaustausch mangelhaft blieben. Ich denke da z. B. an die nicht seltene Beobachtung, daß in zahlenstarken Gelegen mitunter einige Eier von vornherein schier, d. h. unbefruchtet sind. Desgleichen stirbt ein gewisser Anteil unter den sich entwickelnden Embryonen in der Eischale vor dem Schlupf. Wahrscheinlich bekäme man bei vermehrter Rußköpfchenhaltung allein durch Zuchtberichte und Kollegengespräche solche Minuspunkte bald in den Griff.

Was den eben erwähnten Tod in der Eischale betrifft, der über Jahrzehnte ausnahmslos mangelnder Feuchtigkeit im Nistkasteninneren zugeschrieben wurde, so passieren dergleichen Fälle in Gartenvolieren tatsächlich seltener als in Innenräumen mit trokkener Luft, was natürlich als Fingerzeig angesehen werden könnte. Afrikaforscher überlieferten, daß wildlebende Rußköpfchen sich auffällig gerne in Wassernähe, z. B. am Sambesifluß oder den Victoriafällen, aufhalten. Dort sah man sie morgens und noch einmal am Spätnachmittag ausgiebige Bäder nehmen. So empfiehlt es sich gewiß, wo man kann, ständige Badegelegenheit anzubieten, was garantiert eine positive Hilfe für den Zuchterfolg darstellt. Ich bin sogar ziemlich überzeugt davon, daß sich der Agaporniden-züchter auf diese einfache Weise alle umständlichen Vorkehrungen zur künstlichen Befeuchtung der Brutkästen sparen kann, denn sicherlich setzen sich die Weibchen noch badefeucht auf ihr Gelege.

Der Leser sollte Vorgesagtes nicht so interpretieren, daß Rußköpfchen also doch Problemvögel seien, was ihre Vermehrung betrifft. Sie sind nicht nur gute, zuverlässige Eltern, sondern sobald sie sich einmal zur Fortpflanzung entschlossen haben, machen sie rasch und zielstrebig Ernst mit dieser Absicht. Die Gelege umfassen bis zu sieben Eier. Die meiste Zeit kommt das Weibchen der Brutpflicht nach und wird nur für kürzere Perioden mal vom männlichen Partner abgelöst. Zur Brutdauer hat man schon Angaben gelesen, die zwischen 16 und 27 Tagen lagen. Wie es oft der Fall ist, kann der Betreuer kaum genau ermitteln, wann eine durchgehende Bebrütung wirklich ihren Anfang nimmt. Bei *A. nigrigenis* muß man zudem auf einen auffälligen Hinweis verzichten, da die Männchen ihre Partnerin auf dem Nest nur unregelmäßig mit Nahrung zu versorgen pflegen.

22–23 Tage Brutzeit dürfen als Mittelwert gelten. An der Atzung der glücklich geschlüpften Nestlinge beteiligen sich wieder beide Elternvögel. Bei durchweg bester Versorgung wachsen die Kleinen flott heran und machen im jugendlichen Lebensalter von 33–36 Tagen den ersten Ausflug aus der engen Kinderstube ins Gehege.

Probleme mag es zuweilen infolge des Zeitabstandes geben, in dem möglicherweise zahlreiche Nestlinge aus den Eiern ausschlüpfen. Unweigerlich haben wir jetzt Unterschiede im Entwicklungszustand und damit auch in der Fähigkeit zu sperren und um Futter zu betteln. Daß Nesthäkchen auch mal sterben, ist bei Vogelarten mit hoher Nachkommenzahl unvermeidlich.

Ich habe gern und oft mit Kennern der Papageienhaltung die naheliegende Frage diskutiert, weshalb die Regel, daß Seltenes gefragt und bei Krummschnabelfreunden besonders beliebt ist, für das Rußköpfchen nie zur Geltung kam? Wie kann man es erklären, daß erfolgreiche Rußköpfchenzüchter in der Mehrzahl der Fälle nur wenige Jahre auf Vogelschauen erfolgreich zu bleiben verstehen? Wir kamen zu dem Ergebnis, daß immerhin wegen Seltenheit und Nachfrage gut reproduzierende Zuchtpaare überfordert und alle auf die Stange gebrachten Jungagaporniden, inklusive der prämiierten, vorteilhaft zu Geld gemacht werden. Den Erwerbern aber wird kaum mit Ratschlägen geholfen, wie sie denn weitermachen sollten, denn wer möchte sich selbst die Konkurrenz heranziehen? So also kann erwiesenermaßen keine kontinuierliche Entwicklung einer Zuchtrichtung stattfinden. Vorsätze, die besten Nachzuchtexemplare als eigene Zuchtreserve zurückzuhalten, werden gerne vergessen, wenn sich die Interessenten überbieten. Eines Tages kommt dann ein Rückschlag, Krankheiten oder Todesfälle treten auf oder der Stamm ist am Ende seiner Fruchtbarkeitsspanne.

Der unliebsam überraschte Besitzer steht vor der Frage, ob er ganz von vorn beginnen soll, denn eine andere Wahl bleibt ihm jetzt nicht. So wie ich Züchterverhalten kenne, tut er genau das nur in den seltensten Fällen, sondern verkündet seinen Kollegen, daß er schon lange eigentlich mal mit anderen Arten anfangen wollte, und sich dies und jenes zugelegt habe. Wer gibt schon gerne eigene Fehlplanung zu? Dies sind die schwer begreiflichen Fälle, in denen ein mehr oder weniger berühmter Spezialist und Könner von einem Jahr zum anderen aus den Schaukatalogen verschwindet und gleichzeitig eine Nachschubquelle für andere Zuchtinteressenten erlischt. Ich habe hier ein bißchen aus der Schule geplaudert, um zu zeigen, wie relativ leicht es doch wäre, eine negative Entwicklung doch noch umzukehren. Das nette Rußköpfchen ist an seinem mehrmaligen Niedergang innerhalb Europas jedenfalls nicht selbst schuld.

Gleiches gilt für die als fehlend beklagten Farbspielarten, die einigen Verwandten so hohe Wertschätzung bescheren. Wie können solche entstehen, solange die Bestände derart unterdurchschnittlich bleiben? Manches wäre bei ernsthaftem Bemühen sicherlich realisierbar! Von Gelben und Schecken hörte man, aber wenige haben so etwas gesehen. Haben die Japaner etwas in petto, um die Liebhaberwelt zu überraschen? Japanische Exporte laufen in nennenswertem Umfange in die USA, und ich habe von alten Bekannten aus Kalifornien eine begeisterte Schilderung der schönen Farben, kräftigen Konstitution und reinerbigen Zuchtqualität erhalten.

Nach vier Jahrzehnten aufmerksamer Beobachtung fernöstlicher Erfolge in der Tierzucht glaube ich nicht, daß wir noch Gleiches zustandebrächten. Noch widerstrebt es deutschen Liebhaberkreisen, Vogelzucht als kommerziellen Produktionszweig anzusehen, obwohl finanzielle Erwägungen zur Kostendeckung für das Hobby inzwischen akzeptabel sind. Immerhin aber könnten wir uns selbst einen Gefallen tun und jahrzehntelang gemachte Fehler korrigieren!

Wo ist der Kollege mit Reiselust, Afrikaerfahrung und Verhandlungsgeschick, der uns eine letzte, garantiert reinrassige Importpartie beschafft und bis zum deutschen Flughafen begleitet? Für die Verteilung müßte die Planung natürlich ebenso stehen wie für weiteres, zielgerichtetes Vorgehen. Übernähme ein Verband oder eine Arbeitsgemeinschaft die Koordination, ließen sich in Könnerhänden sicherlich wieder Nachzuchtstämme etablieren. Wer will schließlich wissen, ob diese existenzgefährdete Agapornidenart nicht eines baldigen Tages nur noch als Volierenpflegling überleben könnte? Man klagte mir schon häufig wehmütig, die Zeiten großer Taten in der Vogelliebhaberei gehörten der Vergangenheit an, und womit könne man sich heute noch einen Namen machen? Bitte – hier ist so eine Chance!

Neulingen möchte ich nahelegen, ihre ersten Zuchterfahrungen mit Unzertrennlichen der bereits mehr domestizierten Arten zu sammeln. Es braucht schon deshalb Erfahrenere, weil öfters doch Angriffe der Rußköpfchenhähne auf den eben ausgeflogenen, aber noch nicht restlos selbständigen Nachwuchs vorkommen und zu dessen Versorgung per Hand geschritten werden muß, die um so schwieriger wird, weil schon so große Jungagaporniden anfänglich eine enorme Angst vor dem großen Menschen und seinen Manipulationen zeigen. In der Obhut zaghafter Betreuer wären sie in letzter Minute noch verloren.

Ich weiß nicht, wie die Importsituation sein wird, wenn Sie dieses Buch lesen, aber ich möchte die echten Tierfreunde natürlich nicht entmutigen, die diese drolligen, kurzschwänzigen kleinen Kerle unbedingt im Heim pflegen möchten. Wo Zähmungsversuche, Familienanschluß und Freiflüge im Zimmer geplant werden, sind wirklich beide Teile miteinander ausgezeichnet bedient. Vögel zu besitzen, die man doch relativ selten zu Gesicht bekommt, wird neben anderen konkreten Vorzügen manchem Käufer den höheren Preis wert sein. Ob man ein echtes Paar bekommen hat, ist bei guter Verträglichkeit gar nicht so wichtig. Hauptsache es sind wenigstens zwei Vögel in der Unterbringung.

Sollte einer der beiden mal sterben, wird es vielleicht kritisch. Ein aufgeklärter Fachmann kann heute das Wort „Unzertrennliche" nicht mehr ganz wörtlich nehmen, obwohl das Kümmern des Zurückgebliebenen, eine von mir in mindestens zehn Fällen bei verschiedenen Agapornidenarten einschließlich *A. p. nigrigenis,* beobachtete Tatsache war. Ich habe aber ebenso festgestellt, daß ein älterer, grüner Wellensittich häufig als Ersatzpartner akzeptiert wird.

Wenn überhaupt im Zusammenhang mit beabsichtigter Wohnzimmerkäfighaltung Agaporniden in die engere Wahl kommen, kann ein Zoohändler, der sich auskennt und ehrlich beraten will, eigentlich nur Rußköpfchen empfehlen! Selten genug sieht er sich allerdings dazu imstande, weil er sie nicht zu beschaffen weiß. Möge also die immer noch rasch zunehmende Begeisterung für die kleinen afrikanischen Krummschnäbel auch in dieser Hinsicht eine Wende zum Besseren bringen.

Pfirsichköpfchen Fischers Unzertrennlicher

Foto 4

Agapornis personata fischeri

Sie erinnern sich noch unserer Feststellung, daß derzeit nicht alle zu *Agapornis personata* gerechneten vier Arten gleichermaßen populär sind. Fischeris, wie man sie in Liebhaberkreisen überwiegend zu nennen pflegt, sind vielleicht die meistgehaltenen der vier. Das muß nicht überall so sein, stimmt aber im Fall der Bundesrepublik. Daß sie die hübschesten unter den vier Verwandten sind, meint jedenfalls die Mehrheit der Unzertrennlichenfreunde. Einst wurden diese Afrikaner im damaligen Deutschland für sage und schreibe fünfzig Pfennige offeriert und kosteten in England ganze zwei Shillinge.

In ihrem Heimatland dagegen sind sie wegen des überaus starken Schadens, den sie an Feldfrüchten, Obst und Getreide anrichten, stark verfolgt. Vorausschauend haben die Südafrikaner große Vermehrungsfarmen angelegt, wo in Riesenvolieren nach natürlichem Koloniebrutsystem 50 oder 100 Paare hausen und sehr produktiv sind. Großkoloniebrut ist also durchführbar, obwohl man es schon oft hat bestreiten wollen.

Selbst wenn im deutschen Zoohandel Importvögel reichlich zu haben sein sollten, so würde ich Neulingen doch auf jeden Fall zum Erwerb hiesiger Nachzuchtvögel raten. Das Risiko ist so doch ganz erheblich verringert. Schließlich ist auch die Ortsveränderung für die Vögel Streß.

Zuchtversuche brauchen selbst für Anfänger nicht tabu zu sein. Nachdem frühere Züchtergenerationen sozusagen den Einsatz für die Klärung der zu beschreitenden Wege geleistet haben, kommt es jetzt nur noch auf die Befolgung der erarbeiteten Richtlinien und die Portion Züchterglück an.

Die Käfigeignung von *Agapornis fischeri* darf man nicht hoch bewerten. Wenn es sein muß, geht es zeitweilig. Mehrere Winter habe ich das einfach praktizieren müssen! Deshalb kann ich dazu sagen, daß der Betreuer gut daran tut, mit einer Veränderung der

Futterzusammensetzung das Fettwerden der Fischeris bei stark reduzierter Bewegungsfreiheit zu verhindern. Man verringert also tunlichst den Anteil stark fetthaltiger Saaten wie Negersaat, Hanf, Nüsse, große Sonnenblumenkerne usw. Bedauerlicherweise kommen Fälle vor, wie ich sie selbst bestürzt und doch hilflos miterlebt habe, in denen Pfirsichköpfchen im Käfig nach bisherigem Leben in der Großvoliere regelrecht schwermütig wurden. Zuweilen muß man in diesem Falle sogar mit ihrem Verenden rechnen, also mit einem seelisch bedingten Tode.

Die Beschaffung gezüchteter Fischeris ist nicht problematisch. Am besten schaut man sich in AZ-Kreisen um oder informiert sich in Liebhaberzeitschriften im Inseratteil. Das Angebot im Zoofachhandel nimmt inzwischen zu.

Fischeris werden ca. 15 cm lang, der Einzelflügel spreizt rund 9 cm. Männchen erreichen ausgewachsen ein Gewicht von 46–48 Gramm. Das Weibchen kann 50–52 Gramm wiegen. Da die Geschlechtsfeststellung genauso problematisch ist wie bei der Stammform, und ich dort ausführlich zu den Möglichkeiten und Feststellungsmethoden Stellung nahm, darf ich den Leser auf Seite 25 verweisen. Eine weitere Möglichkeit bei Pfirsichköpfchen besteht insofern, daß Hähne nur selten Interesse daran zeigen werden, neu aufgehängte Nistkästen ausgiebig innen zu inspizieren. Vögel die dies tun, sind also mit erheblicher Wahrscheinlichkeit die Weibchen!

Wer garantierte Zuchtpaare kauft, ist nicht unbedingt so abgesichert, wie er glaubt. Sie beginnen nicht selten bereits in ihrer Fruchtbarkeit und Zuchtleistung nachzulassen, wenn sich der Vorbesitzer davon trennen will. Achten Sie also, sofern möglich, auf das durch Beringung ausgewiesene Alter. Ältere als allerhöchstens vierjährige Zuchtvögel sind auch bei Geschlechtsgarantie meist keine günstige Anschaffung mehr. Bei besonders schönen Exemplaren mag eine Ausnahme zulässig erscheinen.

Für die Jungvogelfärbung gilt das beim Schwarzköpfchen gesagte. Nur ist der Jungfischeri-Schnabel bräunlich marmoriert. Die Geschlechter zeigen erwachsen leider keine Unterschiede,

Foto 1
Schwarzköpfchen
Agapornis personata personata

Foto 2
Schwarzköpfchen, blau
Agapornis personata personata

Foto 3 Rußköpfchen *Agapornis personata nigrigenis*

Foto 4 Pfirsichköpfchen *Agapornis personata fischeri*

Foto 5 Erdbeerköpfchen *Agapornis personata lilianae*

Foto 6
Rosenköpfchen
Agapornis roseicollis roseicollis

Foto 7
Rosenköpfchen
Agapornis roseicollis,
grüngelbgescheckt,
stark aufgehellt!

Foto 8
Rosenköpfchen
Agapornis roseicollis,
blaugelbgescheckt

Foto 9
Grauköpfchen
Agapornis cana cana
(Pärchen)

Foto 10 Bergpapageien *Agapornis taranta* (Pärchen)

Foto 11 Orangeköpfchen *Agapornis pullaria*

wenn man davon absieht, daß ausgerechnet das Weibchen oft intensiver in der typischen Färbung und speziell in Rottönen ist. Bei den meisten anderen Vögeln ist der Hahn der schönere Teil.

REICHENOW benannte *Agapornis fischeri* nach dem Mitentdekker Dr. G. A. FISCHER, der eine Expedition zum Victoriasee leitete. Die Neuentdeckung kam fast zur gleichen Zeit wie das Schwarzköpfchen nach Europa, und wurde von hier auch in die USA weiterexportiert. Die enorme Willigkeit, sich in Gefangenschaft zu vermehren, setzte alle Papageienliebhaber in großes Erstaunen. Sehr erfolgreich in der Zucht war der Zoo Berlin Anfang der dreißiger Jahre, wo Dutzende Jungfischeris gut aufwuchsen. Zwar haben die enormen Zerstörungen des 2. Weltkrieges in Europa die Papageienzucht sozusagen auf den Nullpunkt zurückgeworfen, ich erinnere mich aber gut, daß gerade die Liebhaberbestände von *Agapornis fischeri* zuerst und relativ rasch wieder entstanden und zunahmen. Schließlich gehörte auch ich zu den ersten Käufern, und das schon 1949/50.

In der afrikanischen Heimat sind Schwarmleben und Koloniebrut das übliche. Die Nistgewohnheiten ähneln denen von *A. cana.* Die angeblichen Naturgelege von zehn Eiern dürften Übertreibungen sein. Pfirsichköpfchen – dieser deutsche Name wurde nie richtig populär – sind vergleichsweise laut! Ihre schrillen Pfiffe und ihr Zwitschern in hohen Tonlagen hört man ziemlich weit und selbst aus dem fahrenden Auto heraus. Ich halte diese Art für lauter als Schwarzköpfchen, ohne das je als unangenehm empfunden zu haben. Nachbarn können da anderer Ansicht sein.

Dann finde ich noch bemerkenswert, daß Fischeris so gemütliche Fresser sind. Sie brauchen und nehmen sich viel Zeit beim Futtern. Neben der Körnermischung lieben sie einen um den anderen Tag 2–3 frische Zweige und Samenrispen von Gräsern oder Wildkräutern. Meine Vögel waren stets sehr versessen auf Leibnizkekse in Milch geweicht.

Wollen Sie rasch mit Zuchtversuchen beginnen, so lassen Sie sich von einem zuverlässigen Zuchtkollegen voll erwachsene ausgefärbte Vögel geben. Andere könnten leicht noch zu jung sein.

Sind Sie Volierenbesitzer, so ist die beste Überwinterungsmethode das Einbringen in eine Art Vogelstube im Hause, die auch in einem hellen luftigen Keller improvisiert sein könnte. Die Tiere bleiben so jedenfalls wesentlich munterer und kommen bei der Rückführung in ihr Freigehege ohne merkliche Pausen in Brutkondition.

Die Verträglichkeit von Fischers Unzertrennlichen ist eigentlich ganz gut, wenn man sie mit anderen Verwandten vergleicht. Zwei Pärchen können in einem großen Abteil ab 2 cbm Rauminhalt durchaus harmonisch miteinander leben und brüten. Niemals dagegen zwei Paare verschiedener Agapornis-Arten zusammensetzen!

Nun etwas, auf das Sie achten sollten, da ich mich nicht scheue, auch Züchtergeheimnisse weiterzureichen: Der Züchter, der mir 1949 meine ersten teuren Zuchtpaare verkaufte, gab mir als guten Rat mit, daß ich Gesundheit und Wohlbefinden der Tierchen stets an der roten Schnabelfarbe ablesen könne. Werde die rote Färbung nämlich auffallend blasser, so sei mit diesem Vogel gewiß etwas nicht in Ordnung, und möglicherweise würde er bald krank werden oder in der Zucht versagen. Ich fand das in 25 nachfolgenden Jahren wirklich häufig bestätigt. Allerdings kann man von diesem Tip nur als Halter mehrerer Exemplare richtigen Gebrauch machen, weil man nur dann Vergleichsmöglichkeiten hat.

In Zeiten besonderer körperlichen Beanspruchungen, d. h. bei zweiter Brut, nach dem Umsetzen oder während kalter Witterung wirkt es sich positiv aus, wenn man die im Zoogeschäft käuflichen Wellensittich-Leckerbissen zufüttert, die proteinreich sind. Der Proteingehalt der normalen Agapornidennahrung ist bei Streß oder starker Belastung leicht unzureichend.

Eine Brutzeit halten in Deutschland aufgewachsene Pfirsichköpfchen schon längst nicht mehr ein. Der Züchter muß also entscheiden, was für seine Tiere gut ist. Winterbrut sicherlich nicht! Wichtiger Tip: Bei dieser Agapornidenart ist die Inzucht unbedenklicher als bei den anderen. Eine Erfahrungssache, deren Grund ich nicht kenne.

Nistkästen wären tunlichst aus gleichen Gründen geräumig, wie es schon beim Schwarzköpfchen begründet wurde. Vielleicht könnte man besonders viel Innenraum brauchen, denn beide Elternvögel wollen oft genug mit ihren Jungen zusammen darin übernachten. Der Nestausbau wurde im Laufe der zunehmenden Domestikation immer nachlässiger in seiner Ausführung. Wie ich oft miterlebt habe, wird zunächst eine sinnlose hohe Bodenlage eingetragen, die bis 15 cm Höhe nur unnötig Platz wegnimmt. Eine Überdachung dagegen wird häufig nur noch angedeutet. Wir werden die Zuchtvögel frühzeitig mit frisch abgebrochenen in vollem Saft stehenden Zweigen für den Nestausbau versorgen. Sie reißen die Rinde übrigens selbständig ab, doch fand ich es jedes Frühjahr wieder angebracht, mit dem Küchenmesser einen „Anfang" zu machen, um sie auf die Idee zu bringen.

Papierschnitzel als Baumaterial finde ich nicht gut. Es ergibt wenig Stabilität, schimmelt schnell, und bedrucktes Papier könnte wegen der giftigen Druckfarben sogar zu Magenverstimmungen führen.

Nestkontrollen, solange man die Sache nicht übertreibt, werden von den Fischeris noch am gleichmütigsten hingenommen. Vor allem reagiert diese Art nicht nachtragend mit Scheu oder Gelegeverlassen. Man sollte trotzdem nie auf die vielleicht naheliegende Idee verfallen, die einzeln gelegten Eier zu sammeln und später gemeinsam wieder unterzulegen. Trotz fortgeschrittener Haustierwerdung ist dieses Verfahren offenbar zu naturwidrig und harmoniert nicht mit der natürlichen Verhaltensweise der Vögel. Wenn alle ihre Jungen am gleichen Tag aus den Eiern schlüpfen, und das war einer meiner interessantesten Versuche, dann füttern sie aus irgendwelchen Gründen nur zwei und lassen die anderen verhungern. Auf dieses Forschungsergebnis im Stile eines HAMPE bin ich sehr stolz und deshalb der Meinung, daß der Atzungsvorgang offenbar langsam anlaufen muß, wie es in der Natur die Regel ist.

Die besten Zuchtvoraussetzungen bestehen darin, eine Gruppe von 4–8 Paaren in ständigem bestem Sichtkontakt, aber eben doch durch Glas oder Maschendraht voneinander getrennt, unterzubringen. Das ist vielleicht erreichbar z. B. durch leichte Trennwände, die nur vorübergehend eingesetzt werden. Eine gewisse Animation ergibt sich in Gehegeanlagen allerdings auch dadurch, daß der Fischeri-Hahn gerne mit fremden Damen flirtet, die nicht unbedingt seinesgleichen sein müssen. Vielmehr entzünden auch andere Unzertrennliche weiblichen Geschlechtes am Trenndraht seine Begeisterung, und selbst starke Wellensittichhennen können vorübergehend sein Schwarm werden. Sogar Spiegel, außen aufgehängt, können die Brutlust steigern.

Gelege von 3–6 Eiern kommen vor. Fünf Eier sind die Norm, nur junge Hennen fangen kleiner an. Ein Tag wird zwischen den einzelnen Eiablagen gern überschlagen. Leider sitzen nun die Weibchen oft genug schon nach dem ersten Ei fest und brüten. Man kann sich unschwer vorstellen, wie unregelmäßig der Nachwuchs zum Schlupf kommt! Knapp 3 1/2 Wochen Brutzeit habe ich mir gemerkt, aber nie die Tage abgezählt. Schon beim ersten ausgekrochenen Nestling beginnen beide Eltern eifrig mit der Atzung. Sollte dieser Eifer dagegen nicht anhalten, bekommt der Betreuer Sorgen. Leider sind solche Fälle bekannt. Auch sehr junge Weibchen füttern oft schlecht oder verlassen den Nachwuchs nach der halben Entwicklungszeit für immer.

Nach 35–37 Tagen fliegen junge Fischeris oft schon aus, und nur 11–12 Tage bekommen sie im Gehege noch Fütterungshilfe von ihren Eltern. Sie sind also Schnellentwickler.

Hat man bei der Wahl des Zuchtpaares keine glückliche Hand gehabt, so kann man an einen schlechten Stamm geraten sein, dessen Junge physisch unterentwickelt und unter Durchschnitt befiedert die Kinderstube verlassen. Herrscht zur gleichen Zeit auch noch kaltes, regnerisches Wetter, werden Todesfälle kaum zu vermeiden sein. Gedeihen aber so unterentwickelte Jungfischeris bei gutem Wetter bis zu völliger Selbständigkeit, so wird man durch hochwertige Nahrung helfen. Auch ich habe das natürlich immer in solchen Fällen getan, schon der Tierchen halber, die ihre Lebenschance haben sollten. Aber ich meine festgestellt zu haben:

Äußerlich mögen solche Kümmerlinge völlig aufholen, so daß man ihnen nichts ansehen kann. Und doch enttäuschen sie nicht selten, wenn man sie zur Zucht verwenden wollte bzw. als Zuchttiere abgibt. Darum schließen Sie sicherheitshalber jedes Paar, das schwächliche Junge erbringt, von der Weiterzucht aus. Ich weiß, daß das hart ist, aber vielleicht mangelt es ihm an ausreichender Kropfschleimbildung oder es hat einfach schlechte Anlagen.

Daß bei einem so häufig gezüchteten Liebhabervogel noch nicht mehr Farbspielarten herausgekommen sind, ist eigentlich erstaunlich. Allerdings war der Wildfang-Nachschub ja immer groß, und bei solchen Frischimporten treten Mutationen viel seltener auf. Man hat frühzeitig mit Bastardzuchten begonnen, die sogar noch farbenprächtigere Mischvögel erbringen können. Selbst mit blauen Personatas ist gekreuzt worden. Blaue Fischeris und Lutino-Fischeris entstanden und verschwanden wieder. Gelbe, gelbgrüne und weißliche Vögel werden noch heute gezüchtet.

Freunde der verschiedenen Farbspielarten bei *A. fischeri* bestätigen in ihrer Mehrheit, daß deren Lebenserwartung geringer ist, als die der naturfarbigen Exemplare. Kurz vor dem Kriege hörte man viel von gelben Pfirsichköpfchen, aber mein Schüler-Taschengeld hätte sowieso nicht für solche Kostbarkeiten gereicht. Gelbe Vögel mit roten Köpfen entstanden erstmals Anfang der dreißiger Jahre und tauchen derzeit in bescheidenem Umfange gerade wieder auf.

1958/59 wurden in den USA große Mengen blauer Fischeris auf den Markt gebracht. Sie waren etwas kleinwüchsiger als die Normalvögel und hatten einen weißlichgrauen Kopf. Die Vermutung liegt immerhin nahe, daß blaue Schwarzköpfchen eingekreuzt worden waren. Isabellvögel soll Herr Dr. Burkard in der Schweiz gezüchtet haben. Auftretende Schecken scheinen diese Gefiederzeichnung nicht immer auf ihre Nachkommen vererben zu können.

Wer an Farbenzucht interessiert ist, der kann vielleicht spalterbige Vögel mit gelbem Erbgut beschaffen. Obwohl die Mendelschen Gesetze immer noch stimmen, bleibt der Ausfall der einzelnen Brut natürlich immer Glücksache, da die Prozentwerte nur jeweils auf 100 Jungtiere zutreffen. Paart man somit den spalterbigen Fischeri mit einem Normalvogel, so gibt es gesetzmäßig wieder 50 % spalterbige und 50 % normale Nachkommen. Ob im Nest auch, das kann man nur abwarten und hoffen. Außerdem erhebt sich natürlich die Frage, wie man die spalterbigen Nachkommen aussortieren soll, wo doch die Naturfärbung dominant ist? Es gibt Wege, aber die dauern!

Ich würde in diesem Fall erst einmal einen größeren Bestand an spalterbigen Nachzuchtvögeln heranziehen. Daraus könnten sogar Gelbschecken fallen, wie 1973 in der Liebhaberpresse berichtet worden ist (AZ-Nachrichten 11/1973). Man sagt, gelb x gelb ergebe Letalfaktor, d. h. der Nachwuchs sterbe bereits als Embryo im Ei ab. Die bestmögliche Verpaarung sei demnach spalterbig-gelb x gelb. Seit vier Jahren gelingen aber auch schon Bruten gelb x gelb, und die Jungen entwickeln sich normal.

Gelbgrüne Schecken treten bereits auf. In Holland werden angeblich rein vererbende, kräftig gelbe Pfirsichköpfchen angeboten, die wirklich sehr ansprechend wirken.

Ich möchte behaupten, daß zur Zeit die Mutationsbildung wieder gut in Fluß gekommen ist. Gerade bei *Agapornis fischeri* dürfen sicher noch Neuheiten erwartet werden.

Fischers Unzertrennlicher ist also ein ausgezeichneter Volierenvogel und zuverlässiger Brüter. Als ich vor vielen Jahren, kurz nach der Währungsreform, damit begann, mich speziell für Sittiche und Papageien zu interessieren und ja auch selbst erst Erfahrungen sammeln mußte, war diese Art eine meiner ersten Anschaffungen. So möchte ich uneingeschränkt bestätigen, daß ein Anfänger, statt mit Wellensittichen oder Kanarien, gewiß ebensogut mit Pfirsichköpfchen einen Anfang machen kann, ohne ein Fiasko zu erleiden. Ich darf lediglich anmerken, daß die reizenden Afrikaner den Wechsel von geräumiger Voliere in einen engen Zimmerkäfig nicht besonders gut vertragen.

Wo Fischeris die erste große Liebhaberliebe waren, hält diese Wertschätzung oft genug ein Leben lang. Die Lärmentwicklung ist für der meisten Leute Ohren nicht unangenehmer Art. Das Wesen der kleinen, so ansprechend gefärbten Afrikaner ist reizend, man wird nicht müde, ihnen zuzuschauen und vor allem ihre Turnkünste muß man immer wieder bewundern. Wichtig ist, daß man ihnen viel Futterauswahl anbietet, denn sie lieben Abwechslung insofern, daß sie wirklich nicht gerne jeden Tag dasselbe fressen wollen. Wasserlösliche Vitamine in Pulverform sind im Winter als Zugaben empfehlenswert. 6–7 ccm Wasser werden pro Tag getrunken, entsprechend gering sind die Zugabemengen (etwa 2 g/500 ccm, aber bitte auch Packungsbeilagentext lesen).

Ein Zuchterfolg ist sicher nicht davon abhängig, welchen Aufwand der Züchter treiben kann. Hier genügen durchaus auch einfachste Zuchtanlagen. Fast alle für das Schwarzköpfchen gemachten Angaben, so möchte ich noch einmal betonen, treffen auch auf das nahe verwandte Pfirsichköpfchen zu.

Einen letzten, aber aus meiner Sicht wichtigen, Ratschlag möchte ich den Farbvögel-Züchtern zur Kenntnis bringen: Versuchen Sie niemals in der Mutationszucht billig zu Erfolgen zu kommen, indem Sie mit vielen, aber zu jungen oder von vornherein schwächlichen Tieren beginnen! Alle Farbspielarten sind, auch wenn es viele Züchter im Verkaufsinteresse bestreiten, immer etwas weniger robust als Normalvögel, und etwas anfälliger in ihrer Gesundheit. Aus diesem naheliegenden Grunde werden die Jungen unterentwickelter Farbenvögel höchstwahrscheinlich erst recht eine unterdurchschnittliche Lebenskraft und Lebenserwartung besitzen. Nicht selten fallen sie auch in der Farbausbildung mangelhaft aus. Das aber lohnt dem Züchter nicht die investierten Mühen. Grundsätzlich kann selbst der noch völlig unerfahrene Vogelfreund ein Fischeri-Paar halten und, falls er beim Kauf ehrlich bedient worden ist, auch auf Nachwuchs hoffen. So groß ist inzwischen die Zahl der Interessenten, daß wir Unzertrennliche schon fast unter die Haustiere rechnen dürfen. Es macht nicht mehr Mühe, von Agaporniden und gerade vom so ansprechend gefärbten Pfirsichköpfchen gesunde, schöne, Nachkommen zu züchten, als unterdurchschnittliche Massenware.

Erdbeerköpfchen

Foto 5

Agapornis personata lilianae

Nicht nur in der Entdeckerzeit wurde *A. p. lilianae* öfters mit *A. roseicollis* verwechselt. Man muß schon etwas näher hinschauen. Ich muß zugeben, andere Unzertrennliche attraktiver gefunden zu haben, weshalb Erdbeerköpfchen nur einige Gastrollen in meinen Volieren gaben. Auch die Angaben in früherer Literatur, welche besonders die angebliche Brutbesessenheit herausstellten, haben mich zu Zuchtversuchen nicht bewegen können, da ich gleichzeitig auch über die Neigung dieser Agaporniden lesen mußte, im Nistkasten ihre eigenen Jungen nackt und blutig zu rupfen. Genau das ist eine der wenigen Begleiterscheinungen in der Ziervogelzucht, die mir wirklich unangenehm sind, weil ich als Tierfreund diesen Anblick nur schwer ertragen kann.

Den Beliebtheitsgrad des Erdbeerköpfchens bei bundesdeutschen Papageienfreunden darf man wohl nicht besonders hoch ansetzen, wobei auch das dürftige Importangebot sicher eine Rolle spielt. Als Zentrum des afrikanischen Vorkommens gilt heute Malawi. Der ziemlich kleine, langgestreckte Biotop liegt nicht weit vom Verbreitungsgebiet des Rußköpfchens *(A. p. nigrigenis)*. Eine gewisse Konzentration der Bestandsdichte will man zuletzt im tierreichen Sambesital etwa 60–70 km unterhalb der Victoriafälle beobachtet haben. Verläßliche Angaben über etwa inzwischen erlassene Fang- und Ausfuhrverbote sind derzeit nicht greifbar.

Wenn also diese Vögel auch keine Lieblinge geworden sind, es gibt dennoch Vogelfreunde, welche gerade diese Art für die liebenswürdigste, zueinander zärtlichste und allgemein verträglichste halten. Also für echte Love-Birds (Liebesvögel)! In der Tat ist die Sanftmut gegenüber nicht artverwandten Gefiederten im gleichen Gehege, z. B. Nymphensittichen, Wellensittichen oder Waldvögeln erfreulich, wie ich selbst aus Platzmangel ausprobieren mußte. Die Liebenswürdigkeit untereinander aber kennt auch Ausnahmen.

In Nordrhodesien wurden Erdbeerköpfchen bereits 1864 entdeckt. Die Beschreibung als selbständige Art sollte dann noch drei Jahrzehnte auf sich warten lassen. Die Namengebung geht auf die angeblich sehr hübsche Schwester eines zeitgenössischen, damals renommierten Ornithologen, Miss Lilian Sclater, zurück.

Was man da entdeckte, war ein kleiner Unzertrennlicher, d. h. die kleinste Art mit weißem Augenring. 37–42 Gramm bringt ein ausgewachsenes Exemplar auf die Waage, wobei Hennen die gewichtigeren Vögel sind. Die Gesamtlänge des kleinen, kurzschwänzigen Papageis von Schnabelspitze bis Schwanzspitze beträgt nach Carl ASCHENBORN 13–14 cm. Der einzelne Flügel erreicht eine Spannweite um 8 cm.

Ich darf auf jeden Fall darauf verweisen, daß es die schärfere Abgrenzung des roten Gefiederbereiches ist, die neben der Größendifferenz Verwechslungen mit Roseicollis oder Fischeris verhindern sollte. Die rötlichen Federn von *A. p. lilianae* – auch anders im Farbton – reichen zudem niemals tief in den Nacken oder Oberrückenbereich hinab. Gleiche Merkmale sind z. B. Augenring, sowie Schnabel- und Beinfarben.

Gewichtsunterschiede oder Gefiederfärbung können nicht viel zur Geschlechtsunterscheidung beitragen.

Bei Hennen sollen die roten Gefiederpartien matter sein, jedoch fiel mir das nie auf, und so geringe Differenzen sind sowieso schwer auszumachen.

Im Alter von 7–8 Monaten soll sich bei Nachwuchsvögeln eine Geschlechtsbestimmung nach dem typischen Verhalten im Schwarm insofern durchführen lassen, daß Jungweibchen in Gegenwart von Hähnchen damit anfangen, die geduckte Begattungsposition einzunehmen. Der Züchter müßte dann die Chance nutzen und die Tiere durch Federbeschneiden oder Farbtupfen entsprechend markieren.

Der britische Meisterzüchter E. J. BOOSEY dagegen schrieb in der Vorkriegszeit als Leiter der von ihm gegründeten Keston Foreign Bird Farm in Sussex/England, man solle sich bei sonnigem Wetter oder bei heller Beleuchtung die Augen der Erdbeerköpfchen genau ansehen. Bei vollerwachsenen Exemplaren sei die Augenfarbe der Männchen eindeutig dunkler.

Mancher Praktiker unter den Lesern wird mir möglicherweise für diese drei Hinweise dankbar sein, die ich deshalb auf keinen Fall weglassen wollte, obwohl ich keinen davon meinerseits bestätigen kann. Ja, ich traf sogar keinen deutschen Kollegen, der zugab, sich nach einem dieser drei Tips zu richten. Nach Kennerratschlag aus England sollen zur Zucht angesetzte Erdbeerköpfchen mindestens 15 Monate alt sein.

Erdbeerköpfchen können im Gegensatz zu manchen ihrer Verwandten infolge großer Anpassungsfähigkeit nicht nur in Volieren, sondern auch in Boxen und Flugkäfigen untergebracht werden. Importvögel sind zunächst sehr scheu und verstecken sich noch lange, selbst vor ihrem Betreuer. Bei Nachzuchtexemplaren ist eher das Gegenteil zu beobachten. Ähnliche Unterschiede gelten für die Stimmäußerungen, wobei nach überlieferten Beobachtungen in Afrika die kleinen Schwärme im Flug weitschallende schrille Schreie ausstoßen und auch ihre Schreck- und Warnlaute beachtliche Phonzahlen erreichen. Sind die gleichen Kleinpapageien aber einige Monate in einem Gehege eingewöhnt oder handelt es sich um hier gezüchteten Nachwuchs, so empfindet man die Lärmentwicklung im Vergleich zu manchen anderen Gattungsangehörigen als durchaus erträglich. Die Haltetemperatur für *A. p. lilianae* darf nie tiefer als 10° Celsius absinken. Für Zuchtversuche sollten es schon 17–19° sein. Nach meinen mehrfach gemachten Erfahrungen erkältet sich das Erdbeerköpfchen leider leichter, als die übrigen Unzertrennlichen.

Beim Thema Fütterung sind einige Besonderheiten anzumerken: Diese Agapornidenart frißt besonders gerne Japanhirse und Senegalhirse, wogegen der bekannte Hirsekolben besonders eingeweicht und schwach angekeimt als Leckerbissen geschätzt wird. Hartgekochtes Hühnerei, feingehackt, sowie Sittich-Gold Aufzuchtfutter werden gerne genommen, und solche Gewöhnung ist natürlich ein Pluspunkt für die Jungenaufzucht. Die Kalk- und Mineralienversorgung kann man mit ständig gereichtem Taubengrit ausgezeichnet regeln. Falls Sie diesen Rat aber erst jetzt befolgen wollen, fangen Sie unbedingt nur mit Minimengen an. Eine plötzliche, reichliche Aufnahme ohne entsprechende Gewöhnung kann zu Gesundheitsstörungen führen.

Wichtig sind auch Obst und Grünzeug. Was die Grünfutterannahme anbetrifft, sind die hier beschriebenen Pfleglinge allerdings wählerisch und heikel, und so wird man nicht umhinkommen, vielerlei durchzuprobieren. Die meisten entscheiden sich für Vogelmiere, doch auch Löwenzahn soll man immer wieder anbieten, weil er sehr gehaltvoll ist und Leberschädigungen vorbeugen kann. Geschälte Stückchen von süßen Äpfeln werden fast immer begeistert geknabbert. Wer gewöhnt ist, seinen Vögeln ein zusätzliches Weichfutter zu reichen, denke an geweichtes süßes Rosinenbrot. Vor leichtverderblicher Milch rangieren für diesen Zweck Honigwasser oder süße Fruchtsäfte. Vitamine oder Arzneitropfen sind leicht beizugeben. Hafer, Weizen und Mais im noch grünen, milchigen Halbreifezustand, sind ausgezeichnete Beinahrung und besonders wertvoll in der Fortpflanzungszeit. Zweige zum Benagen runden das Futterangebot ab und sollen sogar vom Rupfen der Nesthocker abhalten.

Aus dem Sambesital wurde berichtet, daß Erdbeerköpfchen relativ gerne vom Erdboden fressen und mehrmals täglich (!) Wasserstellen zum Trinken und zum ausgiebigen Baden aufsuchen. Im Gehege wollen wir vor allem Keimfutter, Obst und Grünzeug lieber nicht am Boden anbieten, weil es dort zu rasch verschmutzt. Badegelegenheit und ständig frisches Wasser zum Trinken sind dagegen ausgesprochen wichtig. Ich glaube, die wichtige Beobachtung gemacht zu haben, daß *A. p. lilianae* bezüglich der Trinkwasserqualität empfindlich ist, denn ich stellte fest, daß beim Ortswechsel in meine Gehege die veränderte Wasserqualität zunächst abgelehnt wurde. Dies war besonders ausgeprägt beim Unterschied zwischen Weichwasser und dem erheblich gechlorten, harten Leitungswasser der Großstadt Köln. Hier kam es sogar zu vorübergehenden Magen- und Darmverstimmungen! Wo der Chemieanteil im Leitungswasser sehr hoch ist, sollte man ihn vielleicht durch Abkochen reduzieren. Badewasser ist voll abgekocht zu reichen, Trinkwasser mit 50 % Frischwasserzugabe.

Nach ASCHENBORN kamen die ersten Erdbeerköpfchen im Jahre 1926 nach Deutschland und schon ein Jahr später wurde von Fr. v. LUCANUS in der Fachzeitschrift „Vögel ferner Länder“ über ein aufgepäppeltes Exemplar berichtet, das sogar einige Worte sprechen konnte. Rudolf NEUNZIG erreichte einen Zuchterfolg bereits im ersten Importjahr. Zu dieser Zeit berichtete man allen Ernstes schwarz auf weiß, daß das Erdbeerköpfchen keine anderen wesentlichen Betätigungen kenne, als sich unablässig der Vermehrung hinzugeben. Daß man also lediglich einen kleinen Schwarm dieser Agapornidenart in eine Voliere zu setzen brauche, um schon bald reichlich Nachwuchs zu erhalten. Dafür wollte sich in Frankreich z. B. Mme. LECALLIER verbürgen. ASCHENBORN sagt über die Zucht lediglich, daß sie der der übrigen Personata-Rassen entspreche. Ich dagegen muß anhand eingesehener alter Literatur eigentlich überzeugt davon sein, daß Erdbeerköpfchen förmlich brutbesessen sind. Und obwohl ich es nach wie vor nicht glauben kann, zitiere ich zur Abrundung E. J. BOOSEY, der dazu sagt: „Wenn man es erlaubt, brütet das Erdbeerköpfchen das ganze Jahr über ohne Pause, so daß man ständig entweder Gelege oder Jungtiere in den Kästen liegen hat. Ich kann nicht umhin anzunehmen, daß diese Dauerbrüterei ein Fehlverhalten ist, das schon nach kurzer Frist den Gesundheitszustand von Eltern und Nachkommen absinken läßt. Allerdings ist es keine Abhilfe, in Freigehegen die Nistkästen wegzunehmen, da sich Erdbeerköpfchen sofort erkälten, wenn sie im Winter in einer Voliere übernachten müssen, ohne einen Kasten aufsuchen zu können.“

Die Frage drängt sich natürlich auf, wie es unter so günstigen Voraussetzungen dazu kam, daß eine so superfruchtbare, unproblematisch zu vermehrende Krummschnabelart kaum noch in unseren Liebhabersammlungen zu sehen ist? Woran lag es dann? Wieso schrieb man nichts darüber? Obwohl man doch immerhin jahrelang Tausende jährlich importierte, wurde auch damit offensichtlich keine Beliebtheit als Hausgenosse erreicht. Dergleichen rätselhafte Erscheinungen blieben in der Vogelliebhaberei nur in wenigen Fällen so ungeklärt.

Es fällt mir unverändert schwer, mich von derart optimistisch überzogenen Prognosen früherer Tage überzeugen zu lassen. Importvögel züchten erstaunlicherweise meist bereitwilliger als Nachzuchtexemplare, die zudem wahrscheinlich schwieriger aufzutreiben wären. Auch die Volierenunterbringung ist für die Fortpflanzung erfolgversprechender, und das Koloniebrutsystem wäre vielleicht ebenso ein gutes Rezept, weil es natürlich ist. Das würde sogar noch zusätzlich erleichtert, da Erdbeerköpfchen weder in der Auswahl ihrer Niststätten noch in Bezug auf das Nestpolstermaterial als anspruchsvoll gelten müssen. Schade, daß Koloniebrut doch ein erhebliches Risiko mit sich bringt: Wenn von den ungefähr zu gleicher Zeit flügge gewordenen Jungagaporniden Nachwuchs aus verschiedenen Kästen das falsche Elternpaar um Atzung anbettelt, kann es kräftige Bisse setzen. Bei der an sich durchführbaren Vermehrung in Gemeinschaftsgehegen gibt es nicht nur Futterneidprobleme, sondern es wird auch oft genug das besondere Aufzuchtfutter weggefressen. Wenig, was man dagegen machen könnte!

Die wegen der Kälteempfindlichkeit ratsame Überwinterung im Hause, meist sowieso nur in Boxen oder Flugkäfigen möglich, führt bei dieser Unzertrennlichenart nicht zu Umgewöhnungsschwierigkeiten oder Brutlustabfall. Gute, beständig fruchtbare Zuchtpaare machen alljährlich tatsächlich mehrere Bruten hintereinander, ohne wesentlich von Wetterveränderungen oder Temperaturschwankungen beeinflußt zu werden. Es bleibt eben nur die Schwierigkeit, so ein Paar zusammenzustellen.

Hochformat-Nistkästen sagen *A. p. lilianae* nach Erfahrungswerten besonders zu. Sie werden von der Henne mit bunter Mixtur verschiedener Materialien vollgestopft, die sie mit dem Schnabel einträgt. Wichtig sind größere Mengen biegsamer dünner Zweige, größere mit Rinde, die sich abschälen läßt, und lange, halbwelke Gräser. Ebenfalls in Abweichung von üblichen Agapornidengewohnheiten wird die Innenseite des eigentlichen Nestes mit leeren Grasähren, ausgefressenen Hirsekolben und dürren Blättern ausgepolstert, und all das soll man anbieten. Kurzgeschnittene Kokosfasern sind eine käufliche Alternative. Immer wird der Boden des Nistkastens viele Zentimeter hoch bedeckt, und wenn das Baumaterial reicht, wächst der Bau an den Seiten hoch bis zu einer Überdachung innerhalb des Kastens.

Als Besonderheit wäre wieder anzumerken, daß sich der Hahn nach dem Einbringen in ein Volierenabteil, in dem Nistkästen hängen, zuerst und allein, dabei bemerkbar intensiv, mit deren Besichtigung und eingehender Inneninspektion beschäftigt. Ich erlebte das dreimal beim vorübergehenden Einsetzen in gerade freigewordene Großsittich-Zuchtabteile und sehe meine Beobachtung als einigermaßen verläßlich an, da es sich jeweils um andere Erdbeerköpfchen gehandelt hat. Ein die Niststätte sozusagen auswählender Hahn, das wäre schon ziemlich selten und ein gutes Indiz für Geschlechtsbestimmung und Brutbereitschaft. Die angebliche Superbrutwilligkeit hat sich bei mir nie bestätigt.

Gelege umfassen zwischen 3 und 7 Eiern, wobei fast grundsätzlich teilweises Unbefruchtetsein auftritt, was etwas wie ein artspezifisches Kriterium darstellt. Der Schieranteil erreicht nicht selten 40–50 %. Ab erstem gelegtem Ei sitzt die Henne fest. Der männliche Partner trägt ihr Nahrung zu. Die Bebrütungsdauer veranschlage man auf 22–23 Tage. 41–44 Tage brauchen die Nestlinge bis zum ersten Ausflug aus der Kinderstube. Schon früher allerdings müssen sie mal herausgenommen werden, um ihnen den Kennzeichnungsring anzulegen. Damit wartet man etwas länger als bei kräftigeren Unzertrennlichen, und m. E. ist der 12. oder 13. Tag richtig, denn Nestlinge von *A. p. lilianae* sind sehr zart.

Falls Sie Ihre Nistkästen selber bauen, ungehobelte 18–20 mm starke Bretter ohne Imprägnierung (!) sind die richtigen. Ich empfehle eine quadratische Grundfläche von 17 x 17 cm Innenmaß bei einer Höhe von 28 cm licht. Das Einschlupfloch ist mit 48 mm Querschnitt genau richtig.

Es ist möglich, einen mit geschlüpften Jungvögeln belegten Nistkasten den herbstlichen Umzug in einen Käfig im Hause mitmachen zu lassen, falls Wetter oder Temperatur dazu zwingen. Oft genug sollen Jungagaporniden auch dann weitergefüttert worden sein. Der Versuch wäre der Mühe sicher wert. Will man dagegen die Altvögel bis zum letztmöglichen Termin draußen lassen, da ja nicht selten bis Weihnachten Frostfreiheit herrscht, so darf man erneuter Brutlust natürlich nicht durch Wegnahme der Nistkästen vorbeugen. Gerade jetzt haben sie eine wichtige Funktion als Zufluchtsstätte!

Vom Erdbeerköpfchen soll es bereits Farbmutationen geben, und der sehr bekannte britische Vogelmaler R. A. VOWLES, der auch deutschsprachige Vogelbücher illustrierte, hat mal ein schönes Bild eines Lutinos gemalt, den man drüben Buttercup-Yellow nennt. Da die rote Kopfpartie erhalten blieb, eine gefällige Kombination. Erste Lutinos fielen 1935/36 in Australien. In nennenswerter Stückzahl allerdings erst Mitte der fünfziger Jahre. Papageienspezialist Walter LANGBERG, Kopenhagen, hat die gelbe Farbspielart erfolgreich nachgezüchtet. Der AZ-Mitgliedern bekannte Dr. BURKARD, Zürich, besaß sie ebenfalls so zahlreich, daß er sie in Deutschland anbieten konnte.

Züchter in Kalifornien haben sich wahrscheinlich aus Australien ebenfalls gelbe Zuchtpaare besorgt und vermehren sie dort, was finanziell sicher interessant ist. Ein deutscher Züchter, obwohl es solche durchaus geben kann, ist mir bisher nicht bekanntgeworden. Auch begegnete ich selbst dieser Mutationsform noch nicht. Neuerdings wird aus den USA von ersten Blauen berichtet. Da *A. p. lilianae* auch in Südafrika viel gezüchtet wird, könnten Mutationen auch von dort erwartet werden. Kreuzungen mit dem Pfirsichköpfchen glücken leicht. Auch mit anderen Verwandten, soweit sie den weißen Augenring gemeinsam haben, entstehen fruchtbare Bastarde.

Fassen wir zusammen, so hat das schon so lange bekannte Erdbeerköpfchen, auch wenn sein Bekanntheitsgrad in Deutschland noch in den Jahren nach dem ersten Weltkrieg sehr gering war, aus unerfindlichen Gründen stets und bis heute nur mäßige Beliebtheit und Verbreitung erreicht. Die Beschaffung ist zudem keine ganz einfache Sache, wovon ich mich noch 1980 überzeugen konnte, obwohl sie bei Beharrlichkeit möglich ist. Vorkommen und Biotop in Afrika, teilweise in permanenten Unruhegebieten gelegen, sind vergleichsweise klein. Über Größe und Überlebenschancen heutiger Wildbestände herrscht völlige Unklarkeit. Aus südafrikanischen Vermehrungsfarmen entwichene Exemplare haben sich in Freiheit etablieren können. An sich ist übrigens das Wiedereinfangen entflogener Erdbeerköpfchen recht aussichtsreich. Diese Unzertrennlichen kehren sogar freiwillig in ihre Gehege zurück, wenn man das richtig arrangiert.

Agapornis personata lilianae ist nach meiner Überzeugung empfindlicher und weniger wetterfest als die beliebteren größeren Unzertrennlichen. So kamen mir Berichte aus Dänemark zu Gesicht, wonach Erdbeerköpfchen mit menschlicher Viruserkältung oder Virusgrippe angesteckt werden könnten.

Dieser kleine Papagei ist ein Außenseiter, ohne es verdient zu haben. Obwohl also nicht klar ist, welche seiner kleinen Nachteile für seine vergleichsweise Unbeliebtheit unter deutschen Papageienliebhabern maßgebend sind, ist der Tatbestand als solcher zu bedauern. Der afrikanische Bestand könnte sehr wohl in die Gefahr des Aussterbens kommen und so wie es jetzt steht, könnte die Art kaum auf Dauer in Volieren erhalten werden. Es wird allerdings auch wenig für das Erdbeerköpfchen geworben. Deshalb gab ich mir besondere Mühe, möglichst reichlich Information zu bieten.

Rosenköpfchen

Foto 6, 7, 8

Agapornis roseicollis

Wenn ich das Rosenköpfchen als Krone der Gattung *Agapornis* proklamiere, weiß ich mich begeisterter Zustimmung vieler Agapornidenfreunde sicher. Der Beliebtheitsgrad dieser Art liegt weit über dem Durchschnitt und das sicherlich nicht unverdient. Unterarten dieses körperlich großen Unzertrennlichen haben sich offenbar nicht in nennenswertem Umfange herausgebildet. Wenn auch Mr. FORSHAW eine solche als 1955 entdeckt aufführt *(A. r. catumbella)* so fallen doch die Färbungsunterschiede nicht sehr bedeutsam aus. Bei den wenigen Informationen und den ausbleibenden Fängen und Exporten nach Europa hat diese Unterart für deutsche Praktiker kaum konkrete Bedeutung.

Roseicollis, wie man die kleinen Papageien allgemein unter uns Liebhabern zu nennen pflegt, gelten zu Beginn der achtziger Jahre als fast schon domestizierte, zumindest aber problemlos zu haltende wie leicht zu züchtende Vertreter dieser Gattung. Mangel an Nachschub aus einheimischen Nachzuchten für die Inlandnachfrage gibt es nur selten. Die Beschaffung im Zoofachgeschäft an der Ecke mag vielleicht auf Schwierigkeiten stoßen, doch wer diese Vögel haben will, bekommt bei etwas zielstrebigem Vorgehen sowohl Zuchtpaare als auch Einzelvögel. Afrikanische Lieferungen wild eingefangener Exemplare allerdings muß der Interessent schon mit etwas kriminalistischem Gespür ermitteln. Trotz andauernder Unruhen in Angola kommen unregelmäßig noch immer größere Partien auf den Markt, berühren andererseits die Bundesrepublik fast nur im Luftfracht-Transit. In Südwestafrika hat man die Zeichen der Zeit erkannt und verlangt immer höhere Preise. Diese Exporte laufen zum Teil nach den Niederlanden.

Rosenköpfchen sind auf den ersten Blick deutlich größer und vor allem in ihrer ganzen Figur kräftiger, als die Verwandten mit den weißen Augenringen. Sie können besser und über weitere Distanzen fliegen, sind allerdings auch vernehmlicher in ihren Lautäußerungen, was der Halter nicht immer schätzt. Die Gesamtlänge ihres Körpers maß ich mit 16,5–17 cm, obwohl vereinzelt Exemplare auch 19 cm erreichten. Das Gewicht ausgewachsener Tiere ermittelte ich zwischen 52 und 57 Gramm. Die Statur ist als gesetzt und fleischig anzusprechen. Der Einzelflügel spreizt beim Langziehen gute 11 cm und erlaubt damit bereits Gleitflüge.

Wenn ich mal von Wellensittichen absehe, so waren Roseicollis in rund drei Jahrzehnten Vogelliebhaberpraxis meine meistgehaltenen Krummschnäbel und die ersten echten Papageien, die ich züchten konnte. Was in frühen Nachkriegsjahren ein Wagnis war, für das ich später Helmut Hampes unvergeßliches Agapornidenbuch als Leitfaden hinzugewann. Es war überhaupt die Lektüre gerade dieses Fachbuches, die bei mir den heftigen Wunsch auslöste, Zuchtstämme diverser Unzertrennlichenarten aufzubauen, wobei sich die Rosenköpfchen durch die Jahre immer wieder meine besondere Wertschätzung erwarben.

Gleich von Anfang an prägte sich mir die gleichermaßen makellose Erscheinung und Schönheit beider Geschlechter ein, zumal ich ja früh die Probleme bei der Unterscheidung kennenlernte. Wenn Kenner behaupten, das Weibchen bei garantierten Zuchtpaaren sei der deutlich größere Vogel, so kann das nach meinen Beobachtungen durchaus stimmen. Nichtsdestoweniger erwies sich aber auch, daß eine solche Regel kaum verläßlich ist.

Jungtiere, wenn sie eben selbständig werden, sind matter in den ganzen Farben. Ich denke am auffälligsten ist dabei, daß das herrlich glänzende Apfelgrün der Altvögel beim Nachwuchs eher olivgrün wirkt. Im vorderen Kopfbereich ist ferner die Jugendfärbung noch ein mittleres Braun mit rosigem Schimmer. Wangen wie Kehlen sehen zunächst etwa rehbraun aus und sind nur in hellem Licht oder bei Sonneneinstrahlung erdbeerfarben überhaucht. Zu dieser Zeit junge Roseicollis zu identifizieren, macht kaum Schwierigkeiten, und ich rate bei der Anschaffung eines Grundstockes für Aufbau eines Zuchtstammes zum Jungtiererwerb. Ich habe es selbst auch so gehalten.

Ob Junge einer Farbspielart geschlüpft sind, und welche der zu erwartenden Möglichkeiten später vorherrschen wird, erkennen die versierten Praktiker frühzeitig schon im Nistkasten. Der Schnabel junger Rosenköpfchen bleibt im oberen Teil zunächst braunschwarz mit nur wenigen hellen Flecken. Die Umfärbung auf erwachsenes Gelbgrün wird gerne als Zeitpunkt für die Trennung der Nachzucht von den Altvögeln genutzt. Verfolgen wir den Ablauf der Nestlingsentwicklung, so ist der erste rötlichgelbe Daunenflaum zu erwähnen, der bald binnen 8 bis 10 Tagen schon ins Graue umschlägt. Die Ausbildung des vollen Erwachsenen-Federkleides ist zwischen dem 115. und 130. Tage abgeschlossen. Auch meine Leser werden herausfinden, daß der Zeitpunkt des Schlüpfens, liegt er im Jahresablauf nun früher oder später, entsprechende Verzögerungen bewirken kann. Manche hiesigen Zuchtstämme weichen überhaupt im einen oder anderen Sinne bereits von der Norm ab, wie man das bei der Entwicklung zum Haustier ja nicht selten erlebt.

Die Brutzeit in Afrika fällt in den Jahresanfang, d. h. Vorbereitungen treffen die Paare von Dezember bis Anfang Januar, bzw. legen und brüten danach von Mitte Januar bis zur 2. Hälfte Februar. Koloniebrut ist in freier Wildbahn das Übliche, wobei Nester anderer Vögel zwar gerne übernommen, aber nicht wie in Volieren mutwillig zerstört werden. Das häufig beobachtete Festhalten importierter Tiere an solcher Programmierung, was dann im europäischen Klima ein ernstes Züchterproblem wird, dauerte bei *A. roseicollis* jedoch nicht lange.

Diese reizvolle Art blickt bereits auf eine eigene Geschichte als Liebhaberobjekt zurück, wurde schon 1793 entdeckt und steht trotz zunächst langfristiger Zurückhaltung der vielen Krummschnabelfreunde heute an oberster Stelle der Popularitätsskala. Erst zwei Jahrzehnte nach der Entdeckung fand man heraus, daß man eine weitere selbständige Art vor sich hatte. Der erste große Schiffstransport wurde 1860 zur Sensation der Londoner Vogel-Show. Hagenbeck zählte schon früh zu den regelmäßigen Importeuren dieser kleinen Afrikaner.

Nach Mr. A. PRESTWICH soll Herr Dr. BREHM im Berliner Aquarium schon 1869 den ersten Bruterfolg erzielt haben. Zur

Jahrhundertwende jedenfalls war *Agapornis roseicollis* ein bereits in vielen Ländern Mitteleuropas alljährlich zu Hunderten nachgezüchteter Kleinpapagei. Niemand braucht heute Spezialkenntnisse, um in einer geeigneten Unterbringung gleiches zu schaffen, vorausgesetzt, er stellt richtige Paare zusammen. Der Kreis der Züchterländer hat sich entsprechend erweitert. Südafrika und Australien leisten Beachtliches, und die Japaner mit ihrem besonderen Talent zur Erzüchtung neuer Spielarten sollen nicht unerwähnt bleiben.

Rosenköpfchen waren die ersten Unzertrennlichen, die man dabei beobachtete, wie sie Nestbaustoffe zwischen das eigene Gefieder gesteckt transportierten. Die Federn sind so ausgebildet, daß ihre gekrümmten Spitzen mit hier besonders dichten Federhaaren Eingestecktes gut festhalten. Sieht man dem glücklichen Paar bei der Kinderstubenvorbereitung zu, so möchte man zweifeln, daß der Hahn es überhaupt schafft, dabei zu helfen. Immerhin pflegt das Weibchen eingetragenes Material erst einmal kleinzubeißen und dann etwas weichzukauen. Erst danach hat das Männchen Gelegenheit, seinen guten Willen und etwaige Begabung als Baumeister zu beweisen. Das zustandegekommene Endergebnis hält erstaunlich formstabil zusammen. Rosenköpfchen zerbeißen ihre Nestbaustoffe deutlich kleiner, als die Verwandten aus der gleichen Gattung.

Trotz ihrer wenig melodischen Gesänge, wenn man ihre Stimmäußerungen überhaupt so nennen möchte, sind diese Kleinpapageien inzwischen klar zu höchster Liebhabergunst aufgestiegen. Sie kompensieren den Nachteil ja auch mit einer Reihe bemerkenswerter Vorzüge, selbst wenn man ihre etwas streitsüchtige Gemütsverfassung noch zusätzlich negativ werten wollte.

Sie wurden zu erstklassigen Brütern, die durchaus bis zu drei Kinderstuben pro Jahr hochbringen und dabei auf Jahreszeit und Wetter kaum noch achten. In der Herausbildung von Farbspielarten halten Rosenköpfchen die Spitze. Ihre Domestikation ist schon weit vorgeschritten und Empfindlichkeiten wie Futteransprüche sind heutzutage bei Zuchttieren gering.

Etwas zögernd komme ich der Pflicht nach, noch darauf hinzuweisen, daß der Krach, den diese kleinen, bunten Afrikaner machen, ihre Haltung in engbesiedelten Wohnlagen problematisch machen kann. Hauptsächlich sind es die im Chor vorgetragenen Kreischschreie, welche unangenehm empfunden werden, zumal sie aus meist unerforschlichen Gründen eine halbe oder gar volle Minute in der Voliere ertönen. Dabei möchte sich mancher empfindsame Mensch die Ohren zuhalten. Der gegenseitige Kontaktruf klingt so wie ück-ück, und wird normalerweise immer zweimal ausgestoßen. Der Warnlaut bei Schreck oder drohender Gefahr hört sich ähnlich an, ertönt jedoch in schneller Folge und 15–25 mal hintereinander. Ein quiekender Laut ist z. B. die Reaktion auf plötzliches Auftauchen einer Katze auf der Gehegeanlage. Bei heftigen Streitigkeiten untereinander werden alle möglichen Zeterlaute hörbar, wie man das ähnlich auch von Wellensittichen kennt. Es erscheint mir wichtig, daß wir uns mit ebenerwähnten, öfters ausbrechenden Zänkereien näher befassen:

Man sollte dieses angeborene Temperament natürlich nicht negativ überbewerten, wie es m. E. zu oft geschieht. Nach meinen zahlreichen Erlebnissen führen irgendwelche ungewohnten Ereignisse oder eingebildete Bedrohungen zu hysterischem Verhalten bei Roseicollis, und vor allem die Hähne werden zu nachfolgendem regelrechtem Amoklauf inspiriert. Leider eine ansteckende Gemütsregung, die sich zu allgemeinem Geschrei mit folgendem Kampfesgetümmel steigert, bis die Federn fliegen. Wiederholt bin ich bei passender Gelegenheit mit dem Gartenschlauch dazwischengegangen. Wirkt immer, ist aber nur im warmen Sommer vertretbar.

Halten solche „Privatkriege“ an, so kann es notwendig werden, das Volierenabteil zu räumen und die Insassen neu zu verteilen, um Todesfällen zuvorzukommen. Andererseits hat man viele Jahrzehnte dem Zuchtinteressenten ans Herz gelegt, um Himmelswillen nicht einmal zwei Roseicollis-Paare gemeinsam im gleichen Brutabteil anzusetzen. Heute dagegen wird in Fluggehegen oft und erfolgreich die Koloniebrut praktiziert, die schließlich in Afrika normale Gewohnheit ist. Als ich sie allerdings bereits Mitte der fünfziger Jahre probierte, reagierten alle, die davon hörten, geradezu entsetzt auf solche Unvernunft, und an Warnungen war kein Mangel. Inspiriert hatte mich andererseits der Verkäufer meiner ersten Rosenköpfchen-Zuchtpaare, der einen sehr zahlenstarken Schwarm in einer massivgebauten Garage zusammen leben und nach Belieben brüten ließ. Ich beobachtete dort mit eigenen Augen die schon erwähnten Kabbeleien, die mitunter recht gefährlich aussahen, aber offenbar nie zu bedenklichen Verletzungen führten. Genau das bestätigte auch der Züchter. So habe auch ich reichlich Platz in Volierenabteilen 500 x 180 x 200 cm geboten und bin überzeugt, daß dies eine gute Voraussetzung ist. Allerdings – und das möchte ich meinen Lesern wirklich nahebringen – dürfen auch nur garantierte Paare am gleichen Spätnachmittag gemeinsam (!) in das mit wenigstens doppelter Anzahl gleichartiger Nistkästen eingerichtete Gehege gesetzt werden. Überzählige Hennen oder Hähne wären eine Garantie für baldige Gefechte untereinander. Daraus folgert sinngemäß, daß man bei einem Todesfall das ausgefallene Exemplar sofort ersetzen oder den übriggebliebenen Partner herausfangen muß.

Eine Koloniebrut empfehle ich bei kleinem Maßstab mit drei Paaren. Dabei ist nach meinen Versuchen Harmonie am leichtesten zu erreichen bzw. zu bewahren. Obwohl ich schon öfters weit mehr Paare zur Fortpflanzung zusammengesetzt sah, erscheinen mir schon fünf Paare als Risiko und noch mehr als Leichtsinn. Bei entsprechend viel Platz mag es gutgehen. Jeder etwas handwerklich Begabte schafft es andererseits, bei mehr als 3–5 Paaren den Sichtkontakt zu ermöglichen, aber Zusammenkommen auszuschließen. Das wäre der zweite bewährte Praktikertrick, den ich hier verraten möchte. Natürlich regt Gemeinschaftsgefühl auch die Brutlust an, wenn man Krach verhindert.

Die regelmäßige Beobachtung von Unzertrennlichengehegen ist immer empfehlenswert, wobei man glücklicherweise auf heftigere Auseinandersetzungen rechtzeitig durch das laute Gezeter aufmerksam gemacht wird. Sollten unter den Weibchen wegen bestimmter Niststätten Streitigkeiten ausbrechen, nimmt man die Streitobjekte kurzentschlossen heraus.

Bestimmt verstümmeln oder töten gerade unsere schönen Rosenköpfchen schwächere Vögel je nach Lust und Laune, und dies kommt vor allem während der Brutvorbereitungen vor. Für eine Gemeinschaftsvoliere, sollte sie nicht gerade ein Vogelparkformat aufweisen, taugen unsere großen Agaporniden wenig. Bei der überwiegend praktizierten Reihenanordnung von Außenflügen muß empfohlen werden, das Maschendrahtgewebe beidseitig auf das Trägergerüst so zu verspannen, daß in Stärke der Pfosten ein Hohlraum bleibt. Ohne diese Vorsichtsmaßnahme werden sich in Nebenabteilen bald etliche einbeinige Pfleglinge vorfinden.

Schade, daß man beim Rosenköpfchen kaum von einem Balzgebaren sprechen kann. Vielleicht achten Sie mal darauf, wie manche Hennen ihren auserwählten Hahn mit wiegenden Bewegungen ihrer Köpfe um Futter anbetteln. Andere nehmen eine verschämt wirkende Körperhaltung mit seitlich geneigtem Kopf an, wenn sie ihrem Partner das Befliegen gestatten wollen. Sehr stark bei gerade dieser Art ausgeprägt ist der Naturtrieb, ihre Niststätte bis zur Selbstaufgabe zu verteidigen, wobei so starke und gefährlich spitze Schnäbel als Waffe natürlich hervorragend geeignet sind. Bei solchen Gelegenheiten bekommen sogar größere Sittiche wie Rosellas oder Nymphensittiche ihre Bisse ab. Haben Sie vor, die Zucht zu probieren, so denken Sie vielleicht daran, daß mitunter schon vier bis fünf Monate alte Jungvögel zur Brut schreiten. Wo immer das trotz meiner Vorsichtsmaßnahmen mal passierte, waren Ergebnisse selten befriedigend. So junge Weibchen sind leider sehr anfällig für Legenot und gehen nicht selten daran zugrunde. Im eigenen Interesse kann man Züchtern empfehlen, nur mindestens einjährige Exemplare zur Fortpflanzung anzusetzen, wenn man ein erfreuliches Zuchtergebnis erreichen möchte. Gewiß kann man beruhigt solange warten, weil nämlich Agaporniden viele Jahre fruchtbar bleiben.

Deutsche Zuchtstämme brüten fast das ganze Jahr hindurch bereitwillig. Die Feststellung gilt allerdings nur für Volierenhaltung.

Egal was dazu sonst geschrieben worden sein mag, ich habe immer wieder festgestellt, daß die schönen Krummschnäbel in Käfigen oder Zuchtregalabteilen viel von ihrer Brutwilligkeit verlieren. Ich mußte einmal sechs Zuchtpaare einen ganzen Winter von November bis April in meiner Wohnung in Flugkäfigen unterbringen, weil Ratten in meine Gartenanlage eingedrungen waren. Es war bald nicht mehr zu übersehen, daß so beengte Verhältnisse schon frühzeitig zu Temperamentsverlust und Lustlosigkeit führen. Die Tiere begannen regelrecht zu trauern und wären auf keinen Fall zur Fortpflanzung aufgelegt gewesen. Selbst das Interesse fest verpaarter Partner füreinander nahm von Woche zu Woche ab. Ein schweres Handicap für eine Zucht, da doch der Hahn in dieser Zeit immer in der Nähe seiner Partnerin bleibt und ihr in Abständen Futter in den Kasten trägt.

Wenn Rosenköpfchen die meistgepflegten und meistvermehrten Unzertrennlichen sind, kann es kaum verwundern, daß sich viele berufen fühlten, Ratschläge zu geben. Manche Freunde dieser Art mußten das vielleicht schon ausbaden, denn es kam z. B. zu Empfehlungen wie: „Nistkästen müssen unbedingt im freien, nicht überdachten Volierenteil aufgehängt sein, wo sie von allen Schauern und Regenfällen voll getroffen werden. Sofern mal im Sommer eine Trockenperiode eintritt, soll der Betreuer das intensive Anfeuchten der Nistgelegenheiten mit dem Gartenschlauch vornehmen usw." Ich verwende nicht gerne harte Ausdrücke, aber dergleichen Ratschläge klingen mir wie Schwachsinn! Genausowenig wüßte ich als alter Hase der gedruckten Empfehlung nachzukommen, daß in der Zuchtanlage der Luftfeuchtigkeitswert auf keinen Fall jemals unter 65 % absinken dürfe. Wissen Sie etwa, wie man das in einer normalen Freivoliere regeln könnte? Gewiß gibt es Hygrometer und sogar von solchen Feuchtigkeitsmessern automatisch gesteuerte Luftbefeuchteranlagen. Nur sind für meinen Geschmack Vogelgehege und ausgefuchste klimatisierte Produktionsstätten zweierlei Dinge, von den Kosten ganz abgesehen. Wer sich dennoch solche Raffinessen leisten könnte und wollte, der nehme meine beim Besitzer einer solchen Superanlage gemachten Erfahrungen zu Kenntnis: Was eine große Befeuchtungs- und Belüftungs-Automatik ausgezeichnet schaffte, war die Verbreitung und gleichmäßige Verteilung von Bakterien und Krankheitskeimen. Die Zuchtergebnisse ließen sich in sechs überwachten Jahren nicht in gesundem Verhältnis zum getriebenen Aufwand verbessern.

Auch ich habe in meinen ersten Anfängerjahren natürlich die Feuchthalteexperimente mitgemacht und mit Pannen dafür bezahlt. Es ist richtig, daß die afrikanischen Verbreitungsschwerpunkte unserer Rosenköpfchen oft in Flugentfernung zu Flüssen oder Seen liegen, doch gibt es im Lande auch lange Trockenperioden. Andere Biotope erstrecken sich bis in Ränder der Kalahariwüste oder bis in Höhenlagen um 1700 m. Die gerne als Niststätten umfunktionierten dicken Webervogelnester sind innen garantiert staubtrocken. In auch als Bruthöhlen benutzte Felsspalten an Flußufern kommt auch nie Wasser hinein. Ich gehe davon aus, daß es vollauf genügt, den Brutpaaren jeden Morgen ausgiebig das Baden zu ermöglichen. Das noch heute immer wieder befürwortete ständige Feuchthalten der Kinderstuben, angeblich alleinige Hilfe gegen das Absterben der Embryonen in der Eischale oder wenigstens gegen Schlupfschwierigkeiten, beruht nach meiner Auffassung auf einer Verkettung teilweise unrichtiger Gedankengänge. Die zu diesem Verständnis geschilderten afrikanischen Verhältnisse erhärten das. Wieviele Züchter hätten überhaupt die Zeit für solche ständigen Extraarbeiten?

Viele Voraussetzungen und Begleitumstände der Fortpflanzung haben wir bereits angesprochen. Der Brutgeschäftsablauf beginnt mit der für den Züchter wichtigen Frage, was und wieviel er als Nestbaumaterial zur Verfügung stellen soll. Es gibt nicht wenige Autoren, die solche wesentlichen Details einfach übergehen. Je früher die Jahreszeit, um so schwieriger die Wahl. Geeignet sind dünnste belaubte Zweige aus freier Natur, von Büschen und Bäumen wie Weiden, Linden, Ahorn und Vogelbeeresche. Selbstverständlich genausogut Obstbaumzweige aus dem Garten, sofern hier nicht mit Giften gespritzt wird. Da beide Nestbaumeister durchaus ihre eigenen Ideen haben, wirkt es hemmend, wenn sie nicht das Material finden, welches sie für den gedachten Zweck suchen. Gras, Heu, Haferstroh, leergefressene Hirsekolben, abgeschälte Rindenstreifen, Zweige von trockener Heide und eingeweichte Hobelspäne sind denkbare Stoffe und zu fast jeder Jahreszeit greifbar. Nicht empfehlenswert sind nach meinen Experimenten Nadelzweige, Moose und alle stark riechenden Kräuter. Ich gebe noch gerne bröckeliges, leicht zernagbares Morschholz dazu, und zwar in der zweiten Hälfte des Kinderstubenausbaues, wozu man sich nur einen morschen Ast suchen muß.

Zwei Dinge muß der Betreuer jetzt bedenken: Einmal beim Heranschaffen oder Einbringen in den Nistkasten heruntergefallene Nestbaustoffe werden nur selten ein zweites Mal aufgenommen, deshalb sind reichliche Mengen bereitzustellen. In größeren Badegefäßen wird das Baumaterial manchmal von den Tieren regelrecht eingeweicht.

Ganz im Gegensatz zu sonst verbreiteter Vogelzuchtpraxis läßt man den Vögeln auch dann noch etwas Polstermaterial greifbar, wenn die Kinderstube offenbar fertiggestellt ist. Zur restlosen Zufriedenheit der Partner könnte noch etwas fehlen und durch die Suche danach eine Unterbrechung des Brutablaufes eintreten. Je enger der Zusammenhalt eines Zuchtpaares ist, um so wirksamer stimulieren sie sich gegenseitig hin zum Brutbeginn. Wenn nun die Henne auf einmal halbe oder volle Stunden im dunklen Nest zubringt, darf man mit baldiger Eiablage rechnen. Ein Durchschnittsgelege umfaßt fünf Eier, bei deren Legen normalerweise immer ein Tag überschlagen wird. Nimmt man unbemerkt Eier weg, wird durch Nachlegen die erwähnte Stückzahl wieder angestrebt.

Nach meinen Beobachtungen beginnen die meisten Roseicollis-Weibchen fest auf dem Gelege zu sitzen, wenn sie das dritte Ei gelegt haben. Wer das Nachsehen scheut, vermißt das Weibchen und bemerkt, daß jetzt der Hahn nach dem Fressen öfters zu ihm in die Kinderstube schlüpft. Es ist mir übrigens unverständlich, wieso noch immer in Fachtexten Wellensittichnistkästen als ideal für Rosenköpfchen empfohlen werden. Der billige Preis des Serienerzeugnisses ist allein ein schlechtes Argument. Beim Hochformat finde ich die Grundfläche gefährlich klein. Und selbst beim breiten Typ wird der Innenraum leicht derartig vollgestopft, daß die Henne schließlich keinen Brutplatz übrig behält. Zu gering ist auch der Durchmesser des Schlupfloches und so fällt das meiste Baumaterial hier noch aus dem Gefieder zu Boden. Hinreichend erwiesen ist wirklich, daß kein junges Lebewesen in sehr beengtem Lebensraum richtig gedeihen kann. Gerade ein Tierzüchter soll möglichst richtig vorgehen, denn er strebt doch schließlich einen Erfolg an. Deshalb empfehle ich für Rosenköpfchen, deren Trieb zu umfangreicher Auspolsterung der Nistgelegenheit stark ist, geräumige, aus dicken Vollholzbrettern gefertigte Kästen. Sollten sie im Freien voller Sonne ausgesetzt werden, denken Sie auch an ein vorspringendes Dachbrett. Es schützt nämlich vor zu starker Austrocknung des Innenraumes und Überflutung bei Wolkenbrüchen. Das wünschenswerte Dämmerlicht auf Gelegeebene wird so besser erreicht, denn es ist wichtiger Auslösereiz für den Beginn der Eiablage.

Ich möchte hier nach fast drei Jahrzehnten Liebhaberpraxis den Grundsatz aufstellen, daß die Bodenfläche einer Nistgelegenheit für Papageien mit ihrem anderthalbfachen Körpermaß im Quadrat immer gut bemessen ist. Das ergibt auf den hier beschriebenen Vogel angewandt ein Innenmaß von ca. 24 x 24 cm.

Hat das Weibchen sein Gelege rund 19 Tage beständig bebrütet, kann der Betreuer frühmorgens, wenn der Verkehrslärm noch nicht begonnen hat, leises Piepen der kurz vor dem Schlupf stehenden Küken vernehmen. Etwas später wird sogar das Kratzen an der inneren Eierschale hörbar. Die Eier im Nest bewegen sich. Bitte nicht helfen! 21–23 Tage dauert die übliche Bebrütungszeit, aber der Zuchtfreund vermag doch nur selten mit Bestimmtheit zu sagen, wann sie wirklich begann. Bei plötzlicher Wetterverschlechterung kann eine Verzögerung von 1–2 Tagen eintreten.

So schwächlich die Glieder der neugeschlüpften Unzertrennlichen zunächst auch sind, die Tierchen streifen die Eischale mit aller Kraft ab, sobald sie den Kopf freihaben. Um Verlusten durch zu schwächliche Jungvögel aus dem Wege zu gehen, läßt man Paare am besten nur zwei Bruten im Jahr absolvieren, die zwischen Mitte April und spätestens Ende September gute Voraussetzungen haben. Ob man zwischendurch den einmal benutzten Nistkasten säubern soll, ist Ansichtssache. Ich habe es nur getan, falls es mir nach schnellem Blick ins Innere wegen zu starker Verschmutzung ratsam erschien. Sofern man ein Einheitsmodell verwendet, ist der Austausch im günstig abgepaßten Moment rascher und bequemer bewerkstelligt. Eine Handvoll Polstermaterial soll dann lose hineingegeben werden.

Nehmen wir an, die ersten Jungagaporniden sind glücklich geschlüpft und haben sich von den beträchtlichen Anstrengungen dieser Phase einigermaßen erholt, so wird jetzt bald ihr Bettelgeschrei ertönen und die Henne zur Atzung anregen. Je jünger der Nachwuchs, um so schriller klingt das, was naturnotwendig ist, weil die Schwächsten am dringendsten Nahrung benötigen. Üblicherweise öffnen junge Rosenköpfchen am 10. Tag, in der kritischsten Zeit ihres möglichen Unterkühlungstodes, ihre Augen. Der schöne rötliche Flaum beginnt zu ergrauen, die Kiele der längeren Federn beginnen zu wachsen, und die zuerst rapide Entwicklung beginnt langsamer zu werden. Wenn die Gefiederfarben des erwachsenen Vogels ungefähr erkennbar werden, versucht der Nachwuchs bald seine Geburtsstätte zu verlassen. Die mittlere Nestverweildauer hielt ich mit 37 Tagen fest. Einzelfälle von 32 oder sogar 43 Tagen kamen vor. Jungtiere aus gleicher Brut verlassen ihren Kasten nicht unbedingt alle am gleichen Tage.

Sollte die Henne unglücklicherweise bereits mit der nächsten Eiablage beginnen, noch bevor die ersten Nachwuchsvögel selbständig sind, ist es eine gute Idee, einen weiteren Holznistkasten gewohnten Typs aufzuhängen, und zwar unmittelbar nebenan. Es wird wahrscheinlich der Abend kommen, an dem die Mutter ihre Erstbrut nicht mehr bei sich duldet.

Der späteste Zeitpunkt, Altvögel und Nachzucht voneinander zu trennen, ist gekommen, wenn bei letzterer Geschlechtsinteresse erwacht. Ein Flugabteil ist das Beste für Körperkräftigung der Jungen. Der Betreuer vergesse nicht, darin auch wieder Kästen des gewohnten Typs aufzuhängen, die noch eine Zeitlang als Zufluchtsort und vielleicht auch als Schlafplatz benötigt werden. Die Kleinen können noch viele Wochen kleiner und schlanker als die Eltern wirken und doch schon das gleiche Gewicht erreicht haben.

Meinungen über das Lebensalter beim Selbständigwerden differieren erstaunlich. Wie ich mehrfach erlebte, ist das allerdings auch abhängig von Jungvogelzahl, Ernährungslage, Wetter und Jahreszeit. Etwa neun Wochen nach dem Schlupf im frühesten oder fast vier Monate im längsten von mir beobachteten Fall. Ein neues Problem ist zu lösen, wenn später in der Jugendvoliere die Paarbildungsstreitigkeiten ausbrechen.

Die Leser haben schon gemerkt: Als zukünftiger Roseicolliszüchter kommt man nicht lange mit einer Einraumvoliere aus. Je mehr Platz und Abteile zur Verfügung stehen, um so besser die Entwicklungschancen. Obwohl deutsche Zuchtstämme immer abgehärteter werden, bleibt jede Überwinterung im Freien risikoreich! Geheizte Innengehege ohne Nistkästen, in denen beide Geschlechter für das kommende Zuchtjahr Kräfte sammeln können, sind die bessere Alternative, denn vor allem kühle Zugluft erweist sich als gesundheitsbedrohend. Nistkästen als Schlafgelegenheiten könnte man auch nur dort belassen, wo Männchen und Weibchen getrennt sind oder es wird zu Brutversuchen kommen, die natürlich den Tod der Henne infolge Legenot oder Verenden ihrer Jungen durch Unterkühlung nach sich ziehen könnten. Ein Volierenschutzhaus den ganzen Winter durchzuheizen ist sehr kostspielig geworden. Setzt beim ganzen Schwarm allerdings zum Spätherbst die Großmauser ein, erlischt für Monate der Bruttrieb, was dem Besitzer manche Vorkehrungen erspart.

Zur Fütterung von *Agapornis roseicollis* braucht ein Autor heute keine langen Ratschläge mehr niederzuschreiben. Erste, spezielle Paketfutterangebote sind auf dem Markt, und vor allem bewältigen diese kräftigen Vögel harte und großkörnige Futtersaaten mühelos. Ein gestrichener Teelöffel Hanf pro Tier und Tag ist bei warmer Witterung ausreichend, während diese Ration, wenn Junge ausgeflogen sind oder kühle Herbste und kalte Winter beginnen, unbedenklich verdoppelt werden darf. Werden allerdings Nachzuchten noch geatzt, ist es erwiesenermaßen sicherer, etwas Weizen und Negersaat zu reichen, die auch nährstoffreich sind und sich ausgezeichnet ergänzen. Leinsamen und Buchweizen lassen sich mal zur Abwechslung einsetzen.

Jene Rosenköpfchen, die Äpfel, Birnen und sonstige Gartenfrüchte schätzen lernen und mit der Zeit jedes grüne Blatt knabbern, haben nicht selten ein auffällig glattes und besonders leuchtendes Gefieder. Um so bedauerlicher, daß die Artgenossen so schwer zu ihrem Besten zu zwingen sind, denn die Vorliebe für die erwähnten Zugaben bleibt mäßig. Am aussichtsreichsten macht der Pfleger einen Anfang mit dünnen, frischen Zweigen, zumal sie als Nistbaustoff bekanntwerden sollten.

Man fragt mich häufig, welches Aufzuchtfutter ich vorschlage, sobald Junge in den Kästen zu hören sind. Ich halte dergleichen nicht für unbedingt erforderlich, habe mich aber auf gewisse Zugaben festgelegt, falls mehr Aufbaustoffe nötig erscheinen. Neben dem bereits beschriebenen berühmten Eifutter an jedem zweiten Tag, biete ich gegebenenfalls etwas Sittichgold und einen Eßlöffel Fertigweichfutter (Aleckwa, Sluis o. ä.).

Man schrieb nicht selten, zu reichliches Verfüttern stark ölhaltiger Körner provoziere Selbstrupfen/Federlassen, Jungenrupfen, oder sogar Schlaganfälle. Solche Zusammenhänge habe ich nie miterlebt, und bin auch kein Befürworter völligen Weglassens von Hanf. Diese Saat enthält ja neben dem Öl noch Reizstoffe in sehr spezieller Zusammensetzung, deren segensreiche Auswirkungen seit langem erwiesen sind.

Die Farbspielarten oder Farbmutationen

Dieses Thema verführt Fachautoren gerne dazu, mit Begriffen und Formeln aufzuwarten, die der Mehrheit der Leser dann doch wenig sagen. Zuchtfreunde, die Wissen über Gefiederfarben und ihre Gesetzmäßigkeiten schon besitzen, wollen mir die starke Vereinfachung durchgehen lassen. Es ist gottseidank nicht länger Voraussetzung, in solchen Dingen großer Kenner zu sein, wenn man unter die Farbenzüchter gehen will. Es genügen das Zuchtziel und die Benutzung hilfreicher gedruckter Angaben für die Resultate, die bei bestimmten Paarungen erwartet werden dürfen. Nicht selten allerdings werden diese Angaben nicht gleich vollständig verstanden, und wir haben einen neuen Betroffenen, der herumerzählt: „Die Farbenzucht ist eine Sache, die nur Wissenschaftler richtig begreifen“. Oft genug ist mir eine solche stark übertriebene Meinung begegnet!

Erste Farbmutationen beim Rosenköpfchen fielen während des letzten Weltkrieges im Ausland. Früh trat die Lutinoveranlagung auf, welche geschlechtsgebunden ist und intensivgelbe Vögel hervorbringt, bei denen die roten Gefiederpartien bleiben. Normalgelbe, häufiger beim poetischen Namen „Golden Cherry“ genannt, entstanden Mitte der fünfziger Jahre in Japan. Europas erste Partie importierte der bekannte Schweizer Dr. Burkard per Luftfracht nach Zürich. Sein erster Bericht im „Gefiederten Freund“, Organ der schweizerischen Vogelliebhaber, zu dessen Autoren auch ich schon lange gehöre, war eine Sensation. Grüngelbe Schecken zog man um 1962 in Kalifornien, und zwar mit ganz einmaligen Kontrastpartien. Das Ausmaß der Scheckung bleibt allerdings in jedem Fall veränderlich. Eine Scheckung 50 : 50 bei möglichst gleichmäßiger Farbenverteilung wäre das Zuchtideal. Die rosafarbene Maske bleibt unverändert. Eine schöne Variante.

Die blaue Mutation, bei unseren in Europa vermehrten Unzertrennlichen sozusagen die Krone der Farbspielarten, fiel bei den Rosenköpfchen etwas seltsam aus, denn hier werden die Blauen eher resedafarben bzw. bestenfalls türkis, weil nämlich die Farbpigmente Rot und Gelb nicht völlig unterdrückt werden. Was man übrigens genauso am sehr verdünnten Pfirsichrot von Gesichtsmaske und Brustpartie erkennen kann. Ein kompletter Neuling in der Unzertrennlichenzucht hatte das Glück, bei sich die ersten sogenannten Blauen zu erleben, da er, ohne es zu ahnen, spalterbige Zuchtvögel eingekauft hatte. 18 Jahre liegt das zurück, und heute gilt diese Mutation als fest etabliert. Blau/Gelb gescheckte Roseicollis fielen 1972/73 in den USA aus der Kombination von erwähnten Schecken mit Pastellblauen, die selbst nicht sonderlich attraktiv wirken.

Wer Fachtexte über Farbschläge des Wellensittichs und ihren jeweiligen Vererbungsgang besitzt, kann dort ohne weiteres Anleihen machen. Es wird ihn nicht verwundern, daß auch bei unseren Agaporniden die Kombination einzelner Farbmutationen zu interessanten neuen Ergebnissen führen konnte und könnte. Wellensittichliteratur findet natürlich dort ihre Grenzen, wo man es mit Mischlingen verschiedener Agapornidenrassen zu tun hat. Mancher weiß das allerdings nicht!

Isabellfarbene Rosenköpfchen sind schon öfters aufgetaucht, aber meines Erachtens züchterisch noch nicht richtig veredelt und verankert. Die Kombination von Blauen mit Lutinos kann theoretisch zu Albinos führen, die jedoch wegen noch nicht gemeisterter Unterdrückung der gelben Fettfarbe zitronengelb überhaucht aussehen. Recht hübsch in der Wirkung, wenn auch hier weniger beliebt, sind die im Ausland sehr treffend „Buttermilch-Rosenköpfchen“ genannten Vögel. Das wenige verbleibende Blau ist sehr abgeschwächt, und auch das Rosa an Kopf und Brust wirkt sozusagen stark verdünnt. Ein Albino in der richtigen Bedeutung des Begriffes als schneeweißer Vogel ohne Spuren von anderen Farben wird sich züchten lassen, sobald zuvor eine echtblaue Mutation nach dem Vorbild des bekannten blauen Personatas entstanden ist.

Die Verpaarung von Schecken mit heutigen Blauen kann zuweilen seegrüne Harlekinschecken mit schwach zitronengelben Flecken entstehen lassen. Kobalt- und Mauvevögel sind in gleicher Weise schon beim Wellensittich herausgezüchtet worden, wie man es auch bei Unzertrennlichen macht. Einfacher Dunkelgrün- oder Olivgrünfaktor plus Blauanlage ergibt Kobalt. Doppelter Grünfaktor plus Blauanlage bringt Mauve.

Vom Wellensittich verwöhnte Farbenzüchter finden an Roseicollisparallelen verständlicherweise noch allerhand zu bemängeln, und tatsächlich gibt es hier züchterisch noch Veredelungsarbeit zu leisten. Wenig Sinn hat die Hoffnung auf großartige Zufallstreffer durch wildes Kreuzen, wofür bereits unvernünftige Sittichzüchter reichlich schlechte Beispiele gaben. So unter anderem mit sogenannten neuen Farbspielarten, die der Namengebung kaum entsprachen und nur mit viel Phantasie als solche ansprechbar waren. So etwas bringt der Liebhaberwelt wenig, solange die Naturfärbung dann doch viel schöner ist! Es ist anzunehmen, daß wenigstens beim beliebten Rosenköpfchen fast alle bisher vom Wellensittich bekannten Farbvarianten herausgezüchtet werden können.

Einen vorbildlichen Fachbericht zur Sache hat AZ-Kollege OCHS in den AZ-Nachrichten Nr. 3/80 veröffentlicht, in dem er wesentlich ohne die viele Leser abschreckenden Vererbungsformeln auskam. In der „Gefiederten Welt“ Nr. 4/1976 brachte der schon oft genannte Schweizer Dr. BURKARD einen Lagebericht zum Stande der Roseicolliszucht. Das Studium beider Texte setzt gewisse Vorkenntnisse voraus.

Die Mendelschen Erbgesetze gelten uneingeschränkt für das ganze Vererbungsgeschehen, jedoch in der Praxis kommt es oft anders, weil die Vorhersage der Zuchtergebnisse auf 100 % Nachkommen berechnet ist. Die Ergebnisse der einzelnen Brut bleiben damit unsicher wie Roulette.

Inzwischen sind neben der Schauklasse für naturfarbene Rosenköpfchen auch Klassen für Farbspielarten festgeschrieben worden, die der Interessent auf Seite 124 findet. Einen kompletten Zuchtstandard für Roseicollis haben wir noch nicht, aber ich bin überzeugt, er wird schon bald kommen.

Schnell noch der wichtige Hinweis, daß sogenannte erworbene Färbungen für ernsthafte Fachleute keine Bedeutung haben, da sie z. B. auf vorübergehende äußere Einflüsse oder ernährungsbedingte Mangelschäden zurückzuführen sind. So wird z. B. vornehmlich die Bildung von Melanin mehr oder weniger behindert.

Man hörte seinerzeit viel von einer Rotscheckung, die ähnlich entstand und wieder verschwand.

Mit einem echt gescheckten Vogel, egal welchen Geschlechts, gepaart mit einem wildfarbenen Zuchtpartner, erhält man z. T. wieder gescheckte Junge. Im gleichen Nest vorgefundene naturfarbige Nachzucht ist aber nicht spalterbig, wie es normalerweise die Regel sein müßte, sondern reinerbig wildfarben. Eine wichtige Erkenntnis, die erst wenige Jahre alt ist!

Ich möchte hier gleich verbindlich für alle behandelten Unzertrennlichen einige Ausführungen zur Beringung machen, die bekanntlich zum Nachweis eigener Zuchtleistung gefordert wird (Gesetzlich mit offenem Ring). Das ist eine von vielen Liebhabern gefürchtete Prozedur, denn blinkende, metallene Ringe werden oft Ursache für Beinbrüche und Fußverletzungen. Möglicherweise auch leben die gerade Beringten nicht mehr lange, denn im begreiflichen Bestreben, die Fremdkörper zu entfernen, wirft das Altpaar den eigenen Nachwuchs natürlich mit aus dem Kasten. Das verläuft je nach Fallhöhe sofort, oder wegen Unterkühlung später tödlich. Empfehlenswerter Anlegezeitpunkt beim Rosenköpfchen ist der 5.–6. Lebenstag. Die folgenden 14 Tage muß die Überwachung gesichert sein, denn erst danach haben sich die Vogeleltern einigermaßen mit der neuen Situation abgefunden. Es mag ganz gut sein, die blinkenden Ringe durch einfaches Eintauchen in verdünnten schwarzen Lack einzufärben. Ich selbst hatte mit geschlossener Beringung keinen Ärger, da ich mich wegen Streß- und Ansteckungsrisiken mit meinen Agaporniden nie an Zuchtausstellungen beteiligt habe. Eine geeignete zeitweilige Markierung zum Festhalten von Alter, Brut, Geschlecht usw. erreiche ich durch Beschneiden gut sichtbarer Langfedern oder Farbtupfen einschließlich entsprechender Buchführung.

Ich bin noch immer von Rosenköpfchen begeistert, und meine vielseitigen Erfahrungen mit gerade dieser Art sind in dieses Buch eingeflosssen, in dem ich mit besonderem Vergnügen so ausführlich über meine Lieblinge berichten konnte. Diese vielleicht schönsten Vertreter der kleinen Unzertrennlichenfamilie bescherten mir den ersten großen Papageienzuchterfolg, und so etwas bleibt natürlich ein starker Eindruck in einem Liebhaberleben. Sind diese kleinen, bunten Afrikaner nicht wunderschöne Naturschöpfungen? Dazu auch noch leicht zu halten, einfach zu ernähren und zunehmend Lieblinge auch bei Hobbyzüchtern. Gerade die wunderschönen Farbspielarten ziehen dabei immer neue begeisterte Interessenten an.

Endlich ist auch die Behandlung der Agaporniden in der deutschen Fachliteratur nach jahrzehntelanger, unverdienter Stagnation besser geworden. Ich denke, das große und weiter zunehmende Interesse an dieser Vogelfamilie kann literarische Unterstützung durchaus gebrauchen. Gerade bei der Behandlung unseres Rosenköpfchens kommt das deutlich zum Ausdruck, so wie es meinem Wunsche entsprach.

Tarantiner oder Bergpapagei Foto 10

Agapornis taranta

Als körperlich ebenfalls großer Unzertrennlicher hat *A. taranta* inzwischen an Beliebtheit zugenommen, obwohl die Einfuhren nach wie vor gering sind und sicherlich hinter der Nachfrage zurückbleiben. Soweit ich orientiert bin, ist sogar seit 1979 eine fast völlige Stagnation der Einfuhren zu verzeichnen. Das Angebot an Nachzuchtvögeln besserte sich, doch muß man in vielen Regionen der Bundesrepublik heute nach Gelegenheiten zum Erwerb etwas suchen. Insofern haben frühere Autoren noch bessere Zeiten erlebt.

Männliche Tarantiner erreichen etwa 17–18 cm Gesamtkörperlänge und wiegen, wie ich an verendeten Hähnen mehrfach genau ermittelt habe, 45–48 Gramm. Das Gewicht im Verhältnis zur Größe ist ein Beweis dafür, daß diese Art nicht zu Verfettung neigt. Da Abbildungen in der Regel immer Männchen zeigen, ist zu den Grundfarben des Weibchens zu sagen, daß sie dem Hahn entsprechen, bis auf das fehlende Rot im Kopfbereich. Zur Freude und Erleichterung der Zuchtfreunde lassen sich die Geschlechter also einfach auseinanderhalten, was die Zusammenstellung echter Paare leicht macht, die doch bei Verwandten der Gattung Agapornis oft eines der größten Startprobleme darstellt. Zuweilen findet man auffällig größere Hennen.

Jungvögel gleichen zunächst dem Weibchen, wenn auch im Frühstadium die Schnäbel noch gelblichbraun sind. Junge Taranta-Hähne unterscheidet der glückliche Züchter, sobald die ersten dunkelroten Federchen im Stirnbereich oder um die Augen herum sprießen. Daß dies für Könner schon im Nistkasten zu sehen sei, ist meines Erachtens eine Legende und ich nehme nicht an, daß es sinnvoll wäre, nur deshalb Nestkontrollen vorzunehmen. Nach meinen Beobachtungen muß man rund 100 Tage abwarten, bis man die männlichen Rotfedern entdeckt, ohne das Tierchen in die Hand zu nehmen. Will man das, obwohl Agaporniden betont ungern solche Berührungen über sich ergehen lassen, so ist es natürlich möglich, die Kopffedern mit einem Stäbchen auseinanderzudrücken und rote früher auszumachen. Die volle Ausfärbung dauert etwa 270–280 Tage. Zwischendurch kann eine Anfangsmauser stattfinden, was aber auch von Geburtsdatum und Jahreszeit abhängt.

Importvögel bleiben lange reserviert und mißtrauisch, weshalb Eingewöhnung in neue Verhältnisse entsprechend langsam vor sich geht. Dagegen werden gezüchtete Tarantiner oft zahmer als manche der engsten Verwandten. Selbst im kleinen Schwarm fallen ihre Stimmäußerungen kaum unangenehm auf. Gelegentlich hört man vielleicht mal ein kurzes, lautes Kreischen. Oft genug aber auch nur Zirpen und Zwitschern mit fast schon melodisch klingenden Tönen. Vielleicht sind Tarantiner ideal für die Zimmervoliere, d. h. auch dort, wo Wände dünn und Nachbarn zahlreich sind. Das kann man erst wahrhaft würdigen, wenn man die lauten, durchdringend schrillen Stimmen anderer Krummschnäbel kennt.

Andererseits sind die Äthiopier ein wenig streitsüchtig veranlagt. Besonders in Nähe ihrer Niststätten, die ja auch eine Nebenfunktion als Zufluchtsorte haben, sind Zänkereien eine gewohnte Sache. Vorzugsweise das weibliche Geschlecht ergreift bei Auseinandersetzungen die Initiative und hält auch am längsten durch. Ich bin der Überzeugung, daß bei *A. taranta* das männliche das „schwächere Geschlecht“ ist. Wer je diesen Unzertrennlichen in größerer Zahl importiert, gehandelt, gehalten und in Fluggehegen betreut hat, weiß, daß die Sterblichkeitsrate unter Männchen immer deutlich höher liegt. Gleiches galt schon immer für Einfuhrsendungen, bei denen die toten Hähne in den Transportbehältern überwogen. Heute sterben, wie allerdings nur Eingeweihte wissen, Importhähne vor allem während Eingewöhnung, Futterumstellung und Quarantäne.

Beide Geschlechter lassen sich nicht gerne anfassen und sind beim Einfangen mit Netzen anfällig für Verletzungen. Ich hatte das Gefühl, daß in meiner Volierenanlage gerade diese Agapornidenart in ständig fließendem, frischem Badewasser besonders leidenschaftlich badete, was eigentlich nicht zu dem Heimatgebiet in betont wasserarmem Berghochland paßt. Aber bezüglich einer Beschränkung des Vorkommens auf menschenferne Bergketten mit spärlichstem Bewuchs, wie es in älteren Papageienwerken herausgestellt wird, melde ich Zweifel an. Jahrelange Bekanntschaft mit dem Piloten eines Jet-Liners auf der Route Addis Abeba – Kapstadt überzeugte mich, daß die ganz und gar nicht scheuen Bergpapageien am Stadtrand von Addis Abeba in Gärten vertraut herumflogen. Mein Freund konnte sie vom Hotelbalkon fotografieren.

Eine andere Tatsache, die ich innerhalb zahlreicher Haltejahre klar erkannte, ist ebenso interessant wie von Bedeutung für Haltung, Pflege und Zucht: Bergpapageien sind überraschend rasch bereit, von bisher nie probierten Futtermitteln zu kosten. Man kann sie daher gut an Beifutter gewöhnen, denn mit ihrer Bereitschaft, auch unbekanntes Futter zu probieren, liegen sie an der Spitze der Unzertrennlichen.

Übrigens sind diese Kleinpapageien auch noch erstaunlich wachsam. Angehörige, die nicht weit von meiner Gehegeanlage auf gleichem Grundstück schliefen, berichteten mir von lautem Zetern und schrillen nächtlichen Schreien im Schutzhaus jeweils gegen Mitternacht. Als ich daraufhin Nachtwache hielt, erwies sich, daß eine Ratte in den Vorraum des Schutzhauses eingedrungen war und dort die verstreuten Körner verzehrte. Die vielen anderen Insassen gaben keinen Ton von sich und rührten sich auch kaum. Nur die erwachsenen Nymphensittiche zischten, was man aber nicht weit hört. Laut warnten also nur die kleinen Afrikaner!

Robustheit und Winterhärte der Tarantiner muß ich loben, solange ich vorsorglich darauf verweise, daß sehr kalte Winter in der Kölner Bucht selten auftreten. Vielleicht darf man also nicht in allen Lagen der Bundesrepublik darauf vertrauen, aber sicher sind diese stolzen Vögel eindeutig abgehärteter als alle Flachlandverwandten aus heißen Steppen und Urwäldern.

Ihr Benehmen, soweit sie länger eingewöhnt oder im Liebhabergehege geboren und aufgewachsen sind, darf man recht liebenswürdig nennen. Außerhalb der Brutzeit sind sie sogar in der Gruppe bzw. in vollen Vorratsgehegen einigermaßen friedlich. Das bezweifelt nur der Laie, denn selbstredend kommt es zu Maulfechtereien, Drohgebärden, Zetern und Hacken, was andererseits jedoch nur in Ausnahmefällen in Verletzungen ausartet. Weiß man das erst, macht man sich als Betreuer einige Sorgen weniger. Auch der bei vielen Krummschnäbeln sonst beobachtete Zank am Futterplatz ist beim Bergpapagei überraschenderweise kaum zu beobachten. In Großflugräumen kann man dann noch eine wahrscheinlich dem Freiheitsverhalten entsprechende Norm beobachten, nämlich die Befolgung einer Art Hausordnung. Hähne halten sich den Streitigkeiten eher fern, die vom weiblichen Geschlechte begonnen und untereinander ausgetragen werden. Mischen sie sich doch einmal ein, dann wohl stimmlich, aber selten aktiv. Vielleicht liegt das daran, daß männliche Tarantiner längst wissen, was der Züchter erst herausfindet: Die Damen dieser Agapornidenart beißen erheblich schmerzhafter und durchdringender. Dafür werden sie nach allein bestandenen Auseinandersetzungen vom männlichen Partner zur Belohnung gefüttert und anschließend zärtlich gekrault. Solche Erkenntnisse sind der Lohn langfristiger Beobachtungen.

Ein typisches Balzverhalten, etwa im Sinne besonderer Bewegungen durch werbende Hähne, habe ich bei Tarantinern nie erlebt. Oder sollte man als Werbung ansehen, daß sie vor dem Befliegen mehrmals über die Hennen von einer Seite zur anderen hüpfen, was besonders Kinder sehr amüsiert? Höchst interessiert wohnt das Männchen der Erstinspektion des gewählten Nistkastens aus nächster Nähe bei, zwitschert dabei ganz aufgeregt, hüpft hin und her und ist sichtlich begeistert. Die schließlich wieder auftauchende Ehehälfte wird durch förmlich aufgedrängte Futtergaben aus dem Kropf belohnt. Es kann aber ebensogut vorkommen, daß ein nach Nistkasteninspektion wieder erscheinendes Tarantinerweibchen solche Belohnung durch deutliches Kopfnicken sozusagen erbittet. Das ist alles sehr interessant und bewegend für den stillen Zuschauer.

Die Brutlust der Henne kann, wie ich vielfach gesehen habe, auch dadurch ausgedrückt werden, daß sie sich für den Nestbau eigentlich ungeeignete Dinge ins Gefieder steckt. Manchmal ist es möglich, mit Papierschnitzeln gewissermaßen einen Test zu machen. Ein nettes Experiment, wenn auch als Aussage vielleicht nicht immer zuverlässig. Nie habe ich miterlebt, daß Hähne in den von ihrem Weibchen erwählten Nistkasten völlig hineinschlüpften. Sie benügen sich mit Blicken durch das Einschlupfloch, vom Dach oder der Anflugstange aus. Immerhin werden sie zu dieser Zeit schon etwas aggressiver gegenüber neugierigen Artgenossen und anderen Gehegeinsassen, sofern diese der zukünftigen Kinderstube zu nahe kommen. Will andererseits in unbewachtem Augenblick ein fremdes Weibchen hineinschlüpfen, übernimmt nur die rechtmäßige Besitzerin den unverzüglichen Rausschmiß, als ob dies abgemachte Arbeitsteilung sei.

Die Paarbildung des Tarantiners, der ja kein Schwarmvogel ist, gilt als harmonisch und beständig. Kopfkraulen scheint echtes Bedürfnis zu sein, weshalb zahme Exemplare sich auf diese Art gerne vom Pfleger verwöhnen lassen. Wer aus Experimentiervergnügen oder Platzgründen daran denkt, die Gesellschaftshaltung zu probieren, obwohl sie nicht direkt empfohlen werden kann, bringe, bei reichlich Ausweichgelegenheit, zu Bergpapageien nur größere Gefiederte als Gesellschaft, die sich zu wehren verstehen. Vor allem die empfindlichen Beine der Mitbewohner sind stets etwas gefährdet. Wie allgemein unter Sittichkennern geläufig, ist der Nymphensittich einerseits zwar größer als Unzertrennliche, aber weniger wehrhaft, wenn es draufankommt. Im Anfang muß er wahrscheinlich einiges einstecken, und taugt daher nur bedingt als Gesellschafter, wenn er auch nicht gerade ernsten Schaden nehmen dürfte.

Reichlich Niststätten in tunlichst auch verschiedenen Formen und Größen (!) sollten Taranta-Züchter auf alle Fälle bereitstellen, wo mehrere Paare zusammen gehalten werden. Die nicht belegten könnte man später entfernen, wenn diese Maßnahme nicht sehr stört. Mit großer Nistkastenauswahl schafft man die gefährlichsten bruthemmenden Streitgründe von vornherein aus der Welt. Überzählige Kästen dienen ja auch als Zufluchts- und Schlafort. Im Gedanken an diese Doppelfunktion habe ich stets nach erfolgreichem oder auch erfolglos abgebrochenem Brutversuch das eingetragene Polstermaterial entfernt, weil es Parasiten anzieht. Wann eine Ausnahme von dieser Regel angebracht ist, sagen einem nach einigen Züchterjahren Erfahrung und Gefühl. Ich möchte auch in diesem Zusammenhang betonen, daß die erfolgreichen Zuchtpaare bei mir im gleichen Jahr nie zweite Brutversuche machten. Leider sind Freilandbeobachtungen spärlich geblieben, und so weiß man nicht, ob wenigstens in Äthiopien zwei Bruten hintereinander stattfinden, was klimatisch möglich wäre.

Der Nestausbau wird derart unterschiedlich vollzogen, daß ich durchaus begreife, warum Schilderungen oft so erheblich differieren. Wie ich schon 1976 schrieb, sind Tarantiner recht nachlässig bei Gestaltung des Innenraumes und sie verzichten auf Überdachung. Nicht selten wird auch nur eine sehr dünne Lage auf den Nistkastenboden plaziert. In der fast vegetationslosen Heimat könnte Baumaterial knapp sein.

Es ist gesichert, daß es Paare gibt, die sogar nur andeutungsweise einen Nestausbau vollziehen. Auch eines meiner jahrelang fruchtbaren Paare zeichnete sich dadurch aus, daß die Henne nur sehr wenig eintrug. Ich plazierte die Kinderstube immer so, daß ich nachhelfen konnte, denn was einmal drin war, wurde auch verbaut. Ich habe übrigens keinen Anlaß, meinen mehrjährigen Zuchterfolg groß herauszustellen, da ich den einfachsten Weg gegangen bin, der darin bestand, ein bereits bewährtes Zuchtpaar zu kaufen. Ja, ich nahm sogar seinen vertrauten Nistkasten gleich mit, und hing ihn bei mir ungefähr an die gewohnte Stelle. Vielleicht ist erwähnenswert, daß er innen eher klein war und fast schon zu knapp für eine zahlenstarke Jungvogelschar. Es gab jedoch nie mehr als drei ausfliegende Junge darin. Ob das wohl am Platzangebot gelegen haben kann? Viel Auspolstermaterial wäre ohnehin nicht hineingegangen, doch gottseidank haben nur Prachtfinken den Trieb zu randvollem Vollstopfen.

Das eine meiner Zuchtweibchen, das in einer Voliere mit angrenzendem Hühnerhof im Moseltal gelebt hatte, bevorzugte Hühnerfedern zum Polstern, versuchte aber nie, sie kleinzubeißen. Klar, daß ich auch welkes, langes Gras, leergefressene Kolbenhirserispen und abgeschälte Rindenstreifen anbot. Nur letztgenannte vermochten ein wenig Begeisterung zu wecken und wurden zerkleinert ins Gefieder gesteckt. In den inneren Kasten gelangten nur wenige Stückchen, und eine Handvoll warf ich selbst hinein im Gedanken an darin gespeicherte Feuchtigkeit.

Die Volierenbrutzeit dauert von Ende Februar bis einschließlich Oktober und ist demnach mit neun Monaten ungewöhnlich lang. Je nach dem, zu welcher Jahreszeit die Brut anläuft dauert es 24–29 Tage bis zum Schlupf. Aufmerksame Leser werden gleich feststellen, daß es bei den Flachlandarten unserer schönen Unzertrennlichen schneller geht. Gleicher Sachverhalt bei der Entwicklung der Jungen, die bis zu erstem Verlassen der Nesthöhlung im Schnitt wenigstens 46 Tage bzw. oft auch länger in Anspruch nimmt, während zuweilen der Nachwuchs auch noch etliche Tage rein- und rausschlüpft. Aus meiner vieljährigen Praxis mit allerdings nur denselben Zuchtpaaren, aber andererseits nach Erfahrungsaustausch mit Kollegen, darf ich vermuten, daß viele Mißerfolge darauf zurückzuführen sind, daß die angebotene Nistgelegenheit nicht zusagt. Daß sie in guter Absicht vielleicht zu groß bemessen wurde, vielleicht mehr Grundfläche als lichte Höhe aufweist und vor allem bei eindeutiger Nichtannahme nicht ausgetauscht wird. Vögel in irgendeiner Weise zwingen zu wollen, hat noch nie viel genützt.

Zufällig kann ich diesen Umstand gleich durch Eigenbeobachtung untermauern: Als der, wie schon erwähnt, von der Mosel mitgebrachte Nistkasten klapprig wurde – mit Holzschutzmitteln kann man solche Dinge natürlich nicht imprägnieren –, gab ich dem so zuchtbewährten Tarantinerpaar eine echte Baumstammhöhle in der Hoffnung, ihm etwas hundertprozentig Natürliches besorgt zu haben. Die Vögel waren jedoch ganz und gar nicht dieser Meinung und traten für dieses Jahr in Brutstreik, indem die Henne ihre Eier von der Sitzstange auf den Boden fallen ließ. Nach ihrem Verhalten möchte ich fast annehmen, daß sie am Umfang der neuen Nestbauaufgabe von vornherein verzweifelte. Baumaterial wurde oben auf den Deckel gehäuft, aber kaum etwas eingetragen. Ich mußte eine Kopie des alten Kastens basteln.

Übliche Gelege umfassen 3–6 Eier, und ungefähr jeden Tag wird eines davon gelegt, bis die angestrebte Zahl voll ist. Sitzt die Tarantinerhenne schließlich fest darauf, betätigt sich ihr Partner als vorbildlicher Fütterer. Später atzen beide Elternteile die Nestlinge abwechselnd. Die Jungen wachsen, wenn man das Beispiel der allseitig beliebten Wellensittiche vor Augen hat, zunächst scheinbar viel zu langsam. Zunächst sieht sogar der Kopf größer als der restliche Körper aus und der entsetzte Züchter vermutet Mißbildung. Noch am 6. Lebenstage sind die Kleinen derart winzig, daß man das Schlimmste vermuten und zum Handpäppeln übergehen möchte. Allerdings hätte ein solcher Versuch in so frühem Stadium kaum Chancen.

Man muß sich als Taranta-Züchter alle Jahre wieder in Erinnerung rufen, daß ja die Eiablage mit Abständen vor sich geht und folgerichtig auch die kleinen Nestlinge zusätzlich noch Größenunterschiede aufweisen. Also wenn es auch so aussieht, sie sind meist weder vernachlässigt noch halbverhungert in ihrer Entwicklung zurückgeblieben, und werden in der Regel aufholen. Die Augen gehen schließlich erst nach 11–14 Tagen auf. Nach etwa zwei Wochen sind erste Federkiele am Hinterkörper, sowie etwas längere an den Flügeln durch die Haut gekommen. Im Lebensalter von ca. 35 Tagen scheint das Federkleid des Jugendstadiums einigermaßen ausgebildet zu sein. Eine erste Frühmauser im Alter von 4–5 Monaten ist nicht die Norm, aber möglich.

Dem Männchen fällt die Aufgabe zu, die flügge gewordenen Jungtarantiner noch einige Zeit in Käfig oder Gehege zu atzen. Das kann bis zur 11. Lebenswoche gehen, wobei die Mengen in dem Maße abnehmen, wie der Nachwuchs lernt, selbst Nahrung aufzunehmen. Zu Beginn der 12. Lebenswoche nahm ich, mehr aus alter Gewohnheit, statt aus aktueller Notwendigkeit, die

Jungvögel aus dem bis dahin zusammen mit ihren Eltern bewohnten Volierenabteil. Sie kamen andererseits nur ins Nachbargehege, wo Sicht- und Hörkontakte möglich blieben und durch die Trennwand aus einfach verspanntem Maschengeflecht die Fütterung oft genug weiterging. Ich erlebte Tarantiner als gute Eltern!

Bergpapageien kann man gut umquartieren. Zumindest in deutschen Volieren großgewordene Exemplare gewöhnen sich leicht und rasch an neue Verhältnisse und Umgebung. Aggressivität gegenüber eigenen Jungen erlebte ich nicht. Der Hahn hat vielmehr ihn anbettelnde Söhne und Töchter oft genug noch lange nach Ablauf der normalüblichen Versorgefrist gefüttert. Jungweibchen bekommen dabei am meisten ab, weil sie intensiver zu betteln verstehen.

Selbstredend habe ich auch von gegenteiligen Erfahrungen gehört und gelesen. Z. B. von Attacken wieder brutlustiger Altvögel gegen Junge der Erstbrut. Mir kommen bei solchen Behauptungen offen gesagt Zweifel, denn wie ich schon erwähnte, macht diese Unzertrennlichenart nur höchst selten eine zweite Brut im gleichen Jahr. Soweit ich einzelnen Berichten nachgegangen bin, handelte es sich um Ereignisse in Zimmervolieren oder Zuchtregalabteilen. So kann die angebliche Verfolgungssucht sehr wohl Folge zu beengter Platzverhältnisse gewesen sein, die ja selbst sanfteste Lebewesen aggressiv werden lassen.

Geglückte Freiflugversuche mit Tarantinern in verschiedenen Ländern erhärten die Beobachtung, daß der Territorialinstinkt stark ausgeprägt ist, und das entspricht wiederum der afrikanischen Lebensweise, wobei kleinste Gruppen ja ebenfalls reviertreu bleiben. So verteidigt jedes Paar auch einen Kleinbereich von nur wenigen Quadratmetern um seine Nisthöhle herum, und es fliegt bei Störungen nicht einfach weit weg, wie das so viele andere Vögel tun.

Den jüngsten, sehr ausführlichen und ebenso interessanten Zuchtbericht schrieb Papageienfreund LIETZOW in den AZ-Nachrichten 8/1980. Die Eiablageabstände können nach seinen Beobachtungen auch länger als 24 Stunden sein. Schon ab Beginn fester Bebrütung hat er dem Paar überwiegend gekeimte Sonnenblumenkerne und gekeimte Hanfsaat sowie geraspelte Möhren zugefüttert. Er züchtete bemerkenswerterweise in einem großen Flugkäfig im zentralgeheizten Zimmer. Die Nistgelegenheit war außen angehängt. Zur Erhaltung der Luftfeuchtigkeit wurden an den Zimmerheizkörpern Verdunster aufgehängt. Auch kleinere Wassermengen hat Züchter L. täglich im Zuchtzimmer versprüht. Dennoch mißlang die erste Brut infolge Absterben der Embryonen in der Eischale, was ein mir nie begegnetes Problem ist. Unter Umständen ist das doch der Heizungsluft zuzuschreiben, die ja sogar Holzwürmer tötet. In Volieren kommt der Embryotod zumindest bei Tarantinern kaum vor.

LIETZOWs zweiter Versuch war dann erfolgreich. 24, 25 und 26 Tage nach der Eiablage schlüpften die Jungen, die noch Tage recht nackt wirkten, obwohl sie mit dünnem, grauem Flaum bedeckt waren. Erstes Grün an den Flügeldecken zeigte sich im Alter von 14 Tagen. Oft muß man nach meinen eigenen Beobachtungen etwas länger darauf warten. Sehr bemerkenswert erscheint mir LIETZOWs Aussage, daß seine großgewordenen Jungtarantiner bis etwa zur 17. Lebenswoche im gleichen Käfig zusammen mit ihren Eltern belassen wurden und nachts alle zusammen wieder in den Nistkasten schlüpften. Nach viereinhalb Monaten endlich wurden die Altvögel unduldsamer. Zu dieser überraschenden Verhaltensänderung ist keine Ursachenvermutung naheliegend, da das Paar wohl kaum noch eine Brut probieren wollte. Zum oben beschriebenen Zuchtfutter kam noch das bekannte Fertigprodukt Sittichgold, als Vitaminspender Löwenzahnblätter sowie reichlich Äpfel in Stückchen.

Am eindrucksvollsten an diesem vorbildlich unterbreiteten Zuchtbericht erschienen mir natürlich die gelungenen Schnappschüsse des 15 Tage alten Nestlings, sowie aller Jungtarantiner im Alter von elf Wochen (AZN 8/1980).

Von Farbvarietäten, so wie sie durch Mutationen oder durch Züchterbemühungen entstehen, habe ich bei Bergpapageien bisher nichts Verläßliches gehört. Was nicht beweisen muß, daß es so etwas nicht doch inzwischen irgendwo gibt oder eines Tages geben könnte! Kreuzungen mit Schwarzköpfchen und Fischeris sollen vereinzelt geglückt sein.

Zur Ernährung, zumal sie sich kaum von der anderer Unzertrennlicher unterscheidet, möchte ich aus eigenen Studien folgende Erkenntnis vortragen, die ich auch schon früher veröffentlicht habe: Tarantiner können einen weit höheren Anteil der stark fetthaltigen Körnersaaten im Futter vertragen, als es bei den zum Dickwerden neigenden Verwandten zulässig wäre. Sie bevorzugen die größeren Körner wie Hafer, Hanf, weiße Sonnenblumenkerne und nehmen als Beifutter gern wildwachsende Beeren und Früchte aus dem Wald.

Es ist anzunehmen, daß wegen der andauernden politischen und kriegerischen Auseinandersetzungen im afrikanischen Verbreitungsgebiet auch weiterhin nur sporadisch Importvögel hereinkommen. Man muß bedenken, daß die Art schon im Jahre 1814 entdeckt und beschrieben wurde und es trotzdem bis zu den Ersteinfuhren noch weitere neun Jahrzehnte dauerte. Man will übrigens eine Unterart *Agapornis taranta nana* kennen, die kürzere Flügel und Schnäbel aufweisen soll. Obwohl ich viel herumkomme und mit europäischen Importfirmen gut bekannt bin, habe ich diese Unterart bis heute nicht zu Gesicht bekommen.

Von meiner Warte aus betrachtet erschiene es begrüßenswert, wenn Liebhaberorganisationen, allen voran die AZ, der ich drei Jahrzehnte angehöre, die Tarantinerzucht mehr propagieren und durch entsprechend ausgesetzte Preise fördern würden. Hier sollte es vor allem mehr Preise für wirklich gute Nachzuchtexemplare geben. Schließlich sollten auch die Herren Preisrichter reichlichere Gelegenheiten erhalten, sich Kenntnisse bei der korrekten Beurteilung gerade dieser Unzertrennlichenart anzueignen.

Der erfolgreiche Züchter L., von dem wir sprachen, war unter den Siegern einer AZ-Bundes-Vogelschau. Durchaus verdientermaßen, denn ich wäre der letzte, der seine Leistung schmälern wollte. Wenn es in diesem Zusammenhang überhaupt etwas zu bedauern gab, dann die Tatsache, daß er mit ernstzunehmender

Konkurrenz gar nicht zu rechnen brauchte und ich meine, genau das sollte in Zukunft anders werden.

Im Interesse aller Agaporniden und ihrer Züchter sei an dieser Stelle für alle Arten festgehalten, daß für jede Leistungs- und Rassezucht richtig aufgezogene Ausstellungen von erheblicher Bedeutung sind. Die Teilnahme verursacht den Liebhaberzüchtern andererseits Mühen, Risiken und Kosten, und man kann nicht erwarten, daß viele mit ihren selbstgezogenen Unzertrennlichen erscheinen, solange sie nicht sicher sein können, ob ihre Leistungen sachgerecht von Kennern und Könnern bewertet werden. Das beschreibt ziemlich genau die Erwägungen, die mich selbst davon abhielten, meine Agaporniden auf die Reise zu Ausstellungen gehen zu lassen. Ich glaubte nicht daran, daß der Nutzeffekt in gesundem Verhältnis zum Aufwand und der Gefährdung der aus ihrem vertrauten Gehege herausgerissenen Vögel stünde. Bei Winterausstellungen hat man dann noch die Probleme mit den Temperaturwechseln. Gerade ist für 1982 die Ausstellungs-Klasseneinteilung erweitert worden, aber man wird noch dazulernen müssen.

Tarantiner gelten unter Vogelfreunden noch oft als die heikelste Art in der Zucht. Ich habe solche Erfahrung eigentlich nicht gemacht, solange ich immer verschieden gebaute und vor allem unterschiedlich große Holznistkästen zur Auswahl anbot. Nicht selten fällt die Wahl des Zuchtpaares dann doch auf das kleinste Modell. Das heimische Territorium liegt oft unter feuchtkaltem Nebel, und das Wetter ist wolkenbedeckt wie regnerisch, mit Nachttemperaturen etwas unter dem Gefrierpunkt. Tagsüber, bei längerem Aufklaren und Sonne, steigt das Thermometer bis 28 Grad. Vögel, die das aushalten, haben robuste Konstitution! Aber wie schon erwähnt, die Männchen erkranken leichter.

Orangeköpfchen

Foto 11

Agapornis pullaria

Es ist ziemlich überraschend, daß ausgerechnet eine Agapornidenart so völlig andere Nestbaugewohnheiten zeigt als die übrige, doch sehr enge Unzertrennlichenverwandtschaft – aber das ist übrigens nicht die einzige Besonderheit.

Agapornis pullaria hat das ausgedehnteste Verbreitungsgebiet sämtlicher Gattungsangehörigen, welches sich ungefähr über die Mitte des afrikanischen Kontinents wie ein durchgehendes breites Band erstreckt. Ein geradezu enormer Biotop, der die Hoheitsgebiete zahlreicher afrikanischer Staaten mit recht unterschiedlichen Einstellungen zu Natur und Tierwelt berührt. Um so überraschender ist die Tatsache, daß trotzdem nur äußerst wenig über das Freileben der Orangeköpfchen bekannt ist, welche zudem die Gewohnheit haben, viele Kilometer weit in die Umgebung auszuschwärmen. Abends fallen sie dann zwar wieder auf gewohnte Schlafbäume ein, bald darauf jedoch bricht die Tropennacht herein, und so ist eine Beobachtung schwierig. Der großen Scheu wegen kommt man auch frühmorgens kaum an die in der Regel alleinstehenden hohen Schlafbäume heran. Tagsüber bilden die Tiere Grüppchen von 6–9 Exemplaren.

Orangeköpfchen-Populationen findet man von der Goldküste und Sierra Leone über Kamerun bis nach Nordangola. Gleichfalls in großen Teilen des Kongobeckens, sowie am Albert- und am Kivusee. Schließlich vom Sudan bis nach Nord-Tansania. Nach Berichten aus der Umgebung der Stadt Entebbe bestätigten Kenner eine Unterart in Uganda. Bei dieser enormen Ausdehnung der Verbreitungsgebiete darf man erfreulicherweise eine Gefahr der Ausrottung noch auf längere Sicht für unwahrscheinlich ansehen.

Schon im England des frühen 17. Jahrhunderts war ausgerechnet das Orangeköpfchen ein besonderer Haustierliebling vornehmer adeliger Damen. Eine Tatsache, die man heute mit Staunen zur Kenntnis nimmt! Dabei hatten frühere Importvögel durchweg beschnittene Flügel, sahen also nicht schön aus und kamen in sehr schlechtem Gesundheitszustande an. Die Sterblichkeit lag damals einleuchtenderweise entmutigend hoch, und doch genossen die Überlebenden gerade in gutgeheizten Salons der vornehmen Leute die besten Chancen durchzuhalten. Importierte Exemplare im gleichen Jahr etwa noch nach draußen in Fluggehege zu bringen, ist noch heute nicht empfehlenswert. Überwinterung im Hause ist grundsätzlich vorauszusetzen.

Und doch lohnt es sich vielleicht für den Unzertrennlichenliebhaber zuzugreifen, falls Orangeköpfchen angeboten werden. Nach heutiger Auffassung und Erfahrung ist die Käfigeignung allerdings geringer als bei den gängigeren Verwandten, denn die Tiere verfallen in zu enger Unterbringung leicht in Schwermut, was sich u. a. in passivem Herumhocken der sonst recht aktiven kleinen Krummschnäbel oder sogar in gegenseitigem Federausrupfen äußern kann. Weiterhin wird in Käfigen das Schwanzgefieder bis zu Unansehnlichkeit beschädigt. In Volieren zernagen die Vögel gerne zugängliche Holzteile der Konstruktion. Kleinere Mitinsassen, wie z. B. Prachtfinken oder Kanarien, haben allerhand Schikanen auszustehen, und vor allem Nestbauten unterlegener Ziervogelarten werden von Orangeköpfchen nicht selten mutwillig zerstört. Ein Schutzhaus sollte jede Freivoliere aufweisen, schon weil ja abweichend von der Mehrzahl der Agaporniden hölzerne Nistkästen als Übernachtungsplätze nicht sonderlich beliebt sind und eine generelle Empfindlichkeit gegen Zugluft besteht.

Alles zusammengerechnet einige Minuspunkte, wenn man die beliebteren Verwandten zum naheliegenden Vergleich heranzieht. Andererseits ist ein kleiner Flug Orangeköpfchen ein ausgesprochen hübscher Anblick. Der häufig ausgestoßene Ruf ist nie unangenehm laut und führt also kaum zu Verstimmung bei Anliegern. Die Verträglichkeit mit gleichgroßen oder etwas größeren Vogelarten ist insgesamt betrachtet doch recht gut. Eine Tatsache, die ich selbst zunächst kaum glauben wollte, bis ich mich mal gezwungen sah, einige männliche Orangeköpfchen in eine Schaufenstervoliere des viele Jahre von mir geführten Zoofachgeschäftes einzusetzen. Wider Erwarten arrangierten sie sich ganz ausgezeichnet mit Wellensittichen, Kardinälen und Webervögeln aus ihrer afrikanischen Heimat. *Agapornis pullaria* hat lediglich eine sehr nervöse Natur und Frischimporte sind sogar entsetzlich schreckhaft, was zu häufigen Verlusten durch Toben und nachfolgende Brüche oder Schädelfrakturen führt.

Der vielleicht kleinste Unzertrennliche mit nur 13,5–14,5 cm Gesamtkörperlänge besticht durch ungewöhnlich leuchtende Gefiederfarben. Dabei ist das rotgrüne Farbmuster den Verwandten recht ähnlich, auffälliger aber sind die Flügelbuge und Unterflügeldecken mit ihrer schwarzen oder wenigstens schwarzgescheckten Färbung, die dem weiblichen Geschlecht fehlt. Die Unterflügeldecken des Weibchens sind überwiegend grün und damit das am meisten ins Auge fallende Unterscheidungsmerkmal der Geschlechter. Der Stirnfleck der Henne ist kleiner, sowie eher orangefarben statt blutrot wie beim männlichen Geschlecht, entspricht also eigentlich mehr der Namengebung für diesen Agaporniden. Blaue Federchen sind am Rumpf des Weibchens spärlicher vertreten.

Ich habe wiederholt in älteren Fachbüchern gelesen, daß die Geschlechtsbestimmung bei *A. pullaria* besonders einfach sei. Dennoch muß ich zögern, solche Einfachheit zu bestätigen, weil ich schon häufig im Zweifel gewesen bin. Außerdem fand ich eine ganze Reihe von erwiesenen Kennern, die mir in diesem Punkte beipflichteten und meinten, daß man wesentlich sicherer nach dem Verhalten in Hähne und Hennen einteilen könne. Aber auch das scheint mir so einfach auch wieder nicht zu sein, wenngleich Übung sicher den Meister macht.

Genauso las ich schon mehrfach von angeblich ausgeprägt leuchtendem Blau am oberen Rumpf der Hähne, ohne mich daran erinnern zu können, das jemals eindeutig beobachtet zu haben. Auch auf Farbfotos erscheint es kaum ausgeprägt. Von gemalten Abbildungen bekommt man leicht einen verfälschten Eindruck. Erstens sind von Fall zu Fall nicht einmal die grünen Gefiederpartien einigermaßen einheitlich im Ton, und zweitens ist das ganze

Federkleid höchst selten derart makellos glatt, so wie es die Vogelmaler idealisieren.

Angebotene Orangeköpfchen sind mit Sicherheit reinrassig, denn von erfolgreichen Kreuzungen hat man bislang niemals etwas gehört. Allerdings ist die Zucht für den Geschmack der meisten Agapornidenfreunde zu schwierig, zumal man es mit den anderen Vertretern der Gattung meist soviel einfacher haben kann. Schon Helmut HAMPE erlebte in den dreißiger Jahren seine ernstlichen Probleme damit. Andere Spitzenkönner haben seither ähnlich oft vergeblich versucht, Orangeköpfchen zu vermehren. Die Hauptschwierigkeit liegt darin, daß ausgerechnet diese Spezies keine gegebenen Höhlungen in Baumstämmen oder morschen Ästen annehmen will, sondern darauf besteht, die Niststätte selbst herzustellen. Wobei sich das Weibchen hervortut, um die Hauptarbeit zu leisten, aber dabei vom männlichen Partner dauernd aus nächster Nähe beobachtet sein will. Offenbar handelt es sich um einen Schlüsselreiz, der von erheblicher Wichtigkeit für ein Gelingen des Bruterfolges sein könnte. Unter solchen Umständen hat der Amateurzüchter wenig Glück mit dem Angebot quadratischer Holznistkästen jeglicher Typen, und nicht einmal die Naturstamm-Nisthöhle macht Eindruck auf Zuchtpaare.

Im heimatlichen Mittelafrika am Äquator werden die Nisthöhlen in Termitenbauten genagt und gegraben. An aufgeschnittenen Bauten hat man herausgefunden, daß der lange Zugangstunnel erst abwärts und dann wieder steigend angelegt wird. Zuletzt führt der Gang ungefähr rechtwinklig um die Ecke in die eigentliche, stockfinstere Bruthöhle. Deren Inneres wird locker und dünnlagig mit Gräsern, Rindenstückchen und trockenen Grasähren ausgepolstert, die das Weibchen, ins Gefieder gesteckt, heranschafft. Die wehrhaften Termiten greifen die ihre Bauten durchlöchernden Vögel übrigens erstaunlicherweise nicht an. Vielmehr ist ein Zusammenwirken mit den Insekten von entscheidender Wichtigkeit für die Stabilität der genagten Gänge, indem deren Wandungen irgendwie mittels abgesonderten Körpersäften steinhart zementiert werden. So wäre leider auch ein importierter aber

„leerer" Termitenbau nicht das geniale Erfolgsrezept für die Orangeköpfchenzucht, und so naheliegend dies schien, zunächst machten südafrikanische Liebhaber solche enttäuschende Erfahrung.

In England installierte man mit ermutigendem Resultat einen großen Torfballen als Medium zum Nisthöhlenbau. Da andererseits staubtrockener Torf jegliche Feuchtigkeit aufsaugt, dürfte das für die Embryonen möglicherweise fatale Folgen haben.

Eine jede in einer europäischen Voliere angebotene Nistgelegenheit hätte wahrscheinlich den besten Platz in einer schattigen Ecke, damit das Nestinnere dunkel bleibt. Diese Vögel sind darauf programmiert, blind zu arbeiten und in ebenso völliger Dunkelheit Bebrütung und Jungenatzung zu absolvieren. Ins Innere eines Termitenbaues, am Ende von 150 cm gewundenem Zugangstunnel, fällt garantiert kein Lichtstrahl! Altmeister HAMPE arrangierte einen mindestens 100 cm hoch angehäuften Stapel von Lehm, Sand und gelöschtem Kalk, erlebte aber nicht viel Positives damit. Erfolgreicher versuchte er es später mit einer Wand aus weichen Lehmwürfeln, in die dann tatsächlich ein richtiger Tunnel genagt wurde, an deren Ende er später eine runde Höhlung in Grapefruitgröße fand. Darin kam es sogar zur Eiablage. Andererseits ist dieser Stand der Dinge durchaus öfters zu erreichen, und doch wird kein Erfolg daraus, solange die Embryonen in der Eischale absterben. Wer klärt die Ursachen dafür einmal konsequent und richtig?

Mit Löchern versehene Holzkisten, in die vorher normaler Gartentorf eingepreßt wurde, eignen sich wahrscheinlich am besten für Liebhaber-Zuchtversuche. Der Torf muß allerdings erst sehr gründlich naß gemacht und in diesem Zustande fest eingestampft werden. Nur auf diese Weise wird er beim Trocknen ziemlich hart und damit stabil genug, um nicht zusammenzufallen und später Gelege samt Weibchen zu begraben.

Was die Zuchtberichte im letzten halben Jahrhundert anbetrifft, so darf man vielleicht, dem Leser zum Nutzen, das Folgende mosaikartig zusammenfassen:

Orangeköpfchen werden am besten zu mehreren Zuchtpaaren gemeinsam in ein geräumiges Fluggehege eingebracht, worin man geeignetes Material zum Selbstherstellen einer Nisthöhlung anbietet. Das Gelege soll zwischen 4 und 7 Eiern betragen, während die Brutdauer aus Uganda mit 3 1/2 Wochen überliefert wurde. Die Nestlingszeit soll nach gleicher Informationsquelle bei sechs Wochen liegen. Sehr verläßlich sind keine der greifbaren Daten, da überall erhebliche Widersprüche auffallen. Beide Altvögel atzen den Nachwuchs. Die babyrosa schimmernden dünnen Daunenfederchen der Nestlinge werden schon nach ungefähr 17 Tagen durch die ersten sprießenden Federkiele abgelöst. Anläßlich der wenigen erfolgreich vollendeten Liebhaber-Bruten fand nach relativ langer Nestlingszeit in einem Alter von gut sieben Wochen der erste Ausflug der jungen Orangeköpfchen aus der lichtlosen Geburtsstätte statt.

Eine recht hohe Temperatur in der Zuchthöhle scheint einen Zuchterfolg natürlich zu begünstigen. Wie ich recherchieren konnte, beträgt die Innentemperatur eines Termitenhügels bei 42° Außentemperatur auf einer Urwaldlichtung 28–31 Grad. Interessant insofern, als unter solchen Gegebenheiten Feuchtigkeit niemals so gegenwärtig und wichtig sein kann, wie Fachleute hierzulande so gerne voraussetzen.

Im Freileben mausern junge Orangeköpfchen ihr Jugendgefieder gegen Ende ihres vierten Lebensmonats und sind dann bald schon immer weniger von erwachsenen Vögeln zu unterscheiden. In Gefangenschaft scheint das, je nach Geburtsdatum, wesentlich anders zu sein.

Man kennt diesen Unzertrennlichen seit dem Jahre 1603. Ab Mitte des 18. Jahrhunderts ist seine regelmäßige Haltung als Käfigvogel verläßlich überliefert. Berichte über Haltung und Fütterung blieben dennoch zu allen Zeiten bedauerlich spärlich.

Obwohl gerade dieser kleine Afrikaner nicht so gerne vom Boden frißt und in Freiheit sogar vermeidet, sich länger dort aufzuhalten, muß man neu importierten Exemplaren ihr Futter auf den Gehegeboden streuen. *A. pullaria* ist eindeutig ein Grassamenfresser und nimmt die ersten Monate nach Fang und Export kaum etwas anderes zu sich, als helle kleinkörnige Hirsesorten und Kolben. Blumensträuße aus wildwachsenden Gräsern sind vorzüglich als Zugaben, während man außerhalb passender Saison vielleicht Salatsamen und echten Grassamen sowie Unkrautsämereien untermischen sollte.

Meine zugegebenermaßen in diesem speziellen Falle nicht reichen Erfahrungen haben immerhin ausgewiesen, daß die einzelnen Exemplare höchst individuell reagieren was ihre Saatenannahme anbetrifft. Einzelne Feinschmecker nehmen sogar Mehlwürmer, Ameisenpuppen und Insekten. Grüne Feigen können eine brauchbare Zugabe darstellen, dicke berindete Äste werden gerne benagt, was gesund ist und Zerstreuung bietet, und gottseidank mögen die meisten Orangeköpfchen gern Apfel. Nach meinen Versuchen am liebsten, wenn die Früchte in stäbchenförmige Stücke geschnitten und mit Wäscheklammern zum schnabelgerechten Abnagen an den Drähten befestigt werden.

Orangeköpfchen sind in vielerlei Hinsicht richtige Pfleglinge für experimentierwillige Papageienfreunde. Ich darf Ihnen den Hinweis geben, daß Neuimporte extrem anfällig für Erkältungen sind und deshalb zunächst monatelang sehr warm gehalten werden müssen. Ein Minimum von 25 Grad muß man schon bieten. Wegen der anfänglichen enormen Scheu und Schreckhaftigkeit wird man außerdem harte Sitzgelegenheiten tunlichst auf ein Minimum beschränken. Im Importjahr wird es meist nichts mit einem vorgesehenen Umsetzen in ein Gartengehege. Gerade dieses Umquartieren bleibt aber immer eine Aufgabe, bei der man nie weiß, ob sie gut abläuft. Man kann verstehen, wieso ein Angebot im Versand-Fach- oder Importhandel heute ziemlich selten geworden ist. Es fragt sich, ob es sinnvoll sein könnte, mehr von diesen Kleinpapageien einzuführen, solange es wenig wahrscheinlich bleibt, Nachzuchten auf einen bestandserhaltenen Umfang hochzuschrauben. Die Sterblichkeit liegt nach wie vor über normalgewohntem Agapornidendurchschnitt, und sollte man dafür die wildlebenden Bestände dezimieren? Wer mit diesem Argument kommt, den sollte man gleich beruhigen. *Agapornis pullaria* hat innerhalb der kleinen Gattung der Unzertrennlichen die geringste Bestandsgefährdung zu fürchten. Die Ausrottung dürfte nicht einmal möglich sein. Ein schöner Gedanke für den erklärten Freund dieser liebenswerten kleinen Krummschnäbel.

Man sieht Orangeköpfchen äußerst wenig auf öffentlichen Vogelschauen und kann als Kenner der Gegebenheiten die Abstinenz der Besitzer gut verstehen. Viel Betrieb ist genau das, was diese Zwerge schlecht vertragen. Manche langjährigen Freunde der Art meinen sogar, daß man sie zumindest bei der Käfighaltung lieber flugunfähig machen sollte, obwohl das dem Aussehen nicht immer zuträglich ist und Preischancen vermindert.

Wie schon angedeutet, habe ich Orangeköpfchen auch zuweilen verkauft, war aber stets froh, wenn die jeweilige Partie unter die Leute gebracht worden war. Neue nahm ich nur zögernd herein. Es hat nicht etwa an Nachfrage gefehlt. Ganz im Gegenteil! Nur kann man, wenn man schon offiziell Vögel zum Kauf anzubieten hat, leider keine Unterschiede machen, welchen Interessenten man welche Papageien überlassen möchte. Also sind einige meiner Orangeköpfchen auch bei alten Leuten gelandet, die bestenfalls vorher einen Wellensittich oder Kanarienroller gepflegt hatten. Für solche Anfänger würde ich den kleinen Unzertrennlichen nicht empfehlen. Manche solche Versuche endeten dann auch unglücklich.

Keine Regel ohne Ausnahmen: Ein altes Mütterchen, allein in einem möbilierten Zimmer lebend, wollte sich durch all meine Einwände nicht davon abhalten lassen, ein besonders zerrupftes und nach ihrer Meinung traurig aussehendes Männchen ausgerechnet auch noch einzeln zu erwerben. Einem betagten grünen Wellensittichweibchen sollte es Gesellschaft leisten und sicher würde es dann „glücklicher werden“. Täglich stand die alte Dame vor dem Schaufensterkäfig, bis ich schließlich kapitulierte und den Vogel zu einem reduzierten Preise herausgab. Selbstverständlich stand für mich ziemlich fest, daß der stärkere Agapornide das alte Wellensittichweibchen früher oder später umbringen, oder wenigstens bei dessen Tod aus natürlichen Gründen vor Einsamkeit zugrundegehen würde. Ich sah die Käuferin auch lange nicht wieder, wußte allerdings, daß sie Futter im Supermarkt kaufte, der bequemer gegenüber ihrer Wohnung lag.

Es war wieder Winter und fast ein Jahr vergangen, als mir ein Kind einen Zettel aushändigte und ein Fünfmarkstück auf den Tisch legte. Auf dem Papier stand geschrieben, daß ich doch bitte zu Frau X kommen möge, um dem kleinen Papagei die Krallen zu beschneiden. Wenig später traute ich meinen Augen kaum, als ich das besagte Orangeköpfchen auf der Schulter seiner Besitzerin sitzend wiedersah, wo es auf Ansprache zwitschernde Laute von sich gab und eifrig mit seinem schön nachgewachsenen Schwanz wippte. Von der sonst so hinderlichen Scheu dieser Unzertrennlichenart keine Spur! Es war wirklich ein Erlebnis.

Der britische Züchter Arthur A. PRESTWICH soll der Einzige sein, dem drei Jahre hintereinander (!) in Koloniebrut große Volierenzuchterfolge mit Orangeköpfchen gelungen sind. Er hat, nach mir von einem Landsmann übermittelten Informationen, gleich mehrere Dutzend Jungvögel gezogen, was zwar geradezu unglaublich klingt, aber offensichtlich von ihm ausführlich beschrieben und bewiesen worden ist. Der Erfolg soll PRESTWICH andererseits nicht treu geblieben sein. Vielleicht könnten ernsthafte Interessenten den Text der Originalzuchtberichte noch im Nachbarland auftreiben. Über amerikanische Zuchterfolge, so z. B. im ansonsten für solche Dinge berühmten Kalifornien, konnte ich nichts Wesentliches in Erfahrung bringen.

Grauköpfchen

Foto 9

Agapornis cana

Leider haben über Jahrzehnte alle Autoren unverändert mit der Feststellung ziemlich recht behalten, daß in Deutschland Grauköpfchen kaum angeboten werden. Die seit 1960 unabhängige Inselrepublik Madagaskar im Indischen Ozean in der Ostküste Afrikas soll ein Exportverbot verhängt haben. Auf ihren 578 000 qkm finden sich bis in ca. 1200 m ü.M. Hochebenen, welche Heimat von zwei leicht verschiedenen Rassen des einzigen hier heimischen Agaporniden mit grauem Kopf sind. Auf den Inseln der Komoren, Seychellen, Reunion, Rodriguez, Sanzibar und Mauritius wurde die Einbürgerung vollzogen, doch wurde in den letzten Jahren über die Entwicklung dortiger Populationen kaum etwas berichtet. Ich bat 1979 von mir mit Fotos und gemalten Abbildungen ausgerüstete befreundete Sporttaucher, anläßlich vier Wochen Urlaub auf den Seychellen, nach Grauköpfchen Ausschau zu halten. Sie sahen kein einziges Exemplar, obwohl sie im Schlauchboot viele Inselküsten umrundeten. Nach dem Exportstop in Madagaskar hätte die Liebhaberwelt wenigstens auf Nachschub aus den neuen Lebensräumen hoffen können, aber damit scheint es nicht gut auszusehen. Unsere Importsituation sieht mager aus, und was Züchter auf die Stange bringen, ist kaum ermutigender.

Bereits Altmeister Helmut HAMPE mußte in seinem bahnbrechenden Buch „Die Unzertrennlichen“ berichten, daß die Zucht nicht immer glatt verlaufe, und auch nicht regelmäßig glückt. Was hier von ihm noch so gnädig umschrieben ist, besagt im Kern, daß Grauköpfchen zwar öfters willig zur Brut schreiten, aber trotz vielleicht sogar glücklichen Schlupfes die Jungen fast nie das Flüggewerden erleben. Die Gründe sind keineswegs ganz klar. H. LAUER schrieb in der „Gefiederten Welt“ (1950, S. 156) ähnliches über die „vielen unliebsamen Zwischenfälle“, die Liebhabern bei Zuchtversuchen mit Grauköpfchen dazwischenkommen können. Dagegen sprach der alte NEUNZIG von ergiebigen Bruten.

Als Käfigpfleglinge sind die scheuen Madagassen kaum ideal. Zahm oder wenigstens etwas zutraulich werden die wenigsten, und ihr mangelhaftes Sprechtalent enttäuscht diejenigen, die darauf hoffen.

In den letzten zwölf Jahren hätte ich eigentlich jederzeit Paare aus den USA rückimportieren können, doch war es mir den geforderten Preis nicht wert, solange die Tiere unbesichtigt per Nachnahme reisen sollten. Öfters nahm ich wenigstens Gelegenheiten wahr, Grauköpfchen lebend zu sehen, wobei mir immer wieder auffiel, wie sehr die gemalten Abbildungen doch idealisieren. Ich verstehe schon, daß Grauköpfchen, wie eben alles, was selten und teuer ist, bei manchen Liebhabern begehrt sind, aber sie sind letzten Endes nicht so begeisternd schön, wie es für meinen Geschmack z. B. Roseicollis sind.

Die Körperlänge des kleinen Unzertrennlichen liegt bei nur 13–14 cm, und der auch schlanker als seine afrikanischen Artgenossen wirkende Kleinpapagei wiegt auch nur 27–32 Gramm. Auffällig zart sind bei beiden Geschlechtern zudem die Schnäbel. Kopf, Wange, Kehle und Nacken bis auf die Schultern sind beim Männchen weißgrau gefärbt. Satt dunkelgrün leuchten die Flügel und sehr deutlich heller grasgrün sieht die Unterseite aus. Das Brustgefieder kann einen gelblichen Schimmer aufweisen, und innerhalb einer größeren Partie in einer niederländischen Importhandlung zeigten Vögel hier sogar einen hellvioletten Unterton. Die Angestellten bestätigten meine Beobachtung, wußten aber auch keine Erklärung.

Die Weibchen lassen sich leicht erkennen, weil die bei Männchen graugefärbten oberen Gefiederpartien goldgelb/grün sind. Der übrige Körper wirkt zudem heller, während die schwärzlichen Federn im Schwanzbereich völlig fehlen.

Nachwuchs-Grauköpfchen lassen sich schon früh nach Geschlechtern trennen, denn das Grau im Kopfbereich der Hähne schimmert bereits in jugendlichem Alter durch.

Die Entdeckung des einzigen, außerhalb Afrikas heimischen, Unzertrennlichen geht weit zurück in das Jahr 1788. Ende vorigen Jahrhunderts erlebte Europa die Masseneinfuhr, und die auf der Afrikaroute verkehrenden Schiffe brachten Tausende auch nach Hamburg. In einem zeitgenössischen Bericht aus jener Zeit las ich, daß man beim Graukopf gottseidank die Geschlechter bestens auseinanderhalten könne. Dies sei sehr notwendig, da die Männchen schöner und viel verträglicher seien. Die unscheinbareren Weibchen dagegen mörderische Teufelinnen, die alle gleichgroßen oder sogar größeren Mitbewohner in Gehege oder Käfig überwältigten und erbarmungslos zu Stücken hackten.

Ein mir seit vielen Jahren bekannter Agapornidenzüchter am Stadtrand Kölns gab die ansonsten mit seinen Stämmen sehr erfolgreich praktizierte Koloniebrut bei Grauköpfchen auf und brachte die sechs Paare in Einzelabteilen unter. Trotz reichlicher Platzverhältnisse mit großen Ausweichmöglichkeiten jagten und attackierten Altvögel regelmäßig den Nachwuchs der anderen Paare. Waren zu ungefähr der gleichen Zeit mehrere Bruten flügge und wagten die Kleinen etwa, den falschen Erwachsenen um Futter anzubetteln, gab es statt Nahrung Schnabelhiebe, von alten Weibchen ausgeteilt, mit der Folge von vereinzelt stark blutenden Wunden. In einem Fall wurden zwei hoffnungsvolle Jungtiere sogar getötet.

Diese Unzertrennlichenart aus Madagaskar bekommt am besten reichlich Bewegungsfreiheit. Will man der Mehrzahl gedruckter Feststellungen glauben, gilt sie als frost- und winterfest, unempfindlich gegen europäisches Herbst- und Winterklima, und soll in Freigehegen auch ohne Heizung überwintert werden können. Wogegen von mir befragte Halter übereinstimmend berichten mußten, daß das Grauköpfchen starke Luftbewegungen gar nicht schätzt und deshalb auch gegen Zugluft empfindlich ist.

Ich könnte mir denken, daß Leute, die solche Klimahärte behaupteten, selbst vielleicht nie Grauköpfchen wintertags in Gartengehegen betreut haben. Aber sie hätten doch, wie ich, hingehen und Leute befragen können, die einschlägige Erfahrungen hatten, obwohl es tatsächlich nicht einfach ist, solche Liebhaber aufzuspüren. Da aber meine eigenen Erfahrungen in diesem Falle nicht reichten, sah ich dergleichen Recherchen im Interesse meiner Leser als meine Pflicht an. Als Ergebnis darf ich berichten, daß sich bitte kein Besitzer dieses Buches auf mich berufen möge, wenn er die angebliche robuste Natur des Grauköpfchens in Winterklima und Frostperioden auf die Probe stellen möchte.

Wie jeder leidenschaftliche Vogelliebhaber, habe auch ich ein gewisses Interesse an sogenannten Raritäten, ohne daß allerdings Seltenheit allein ein Kaufmotiv für mich wäre. Oft bemühe ich mich stattdessen lieber, so ausgesuchte Vögel in Zoos und Vogelparks zu besichtigen oder Privathalter zu besuchen und ihren Schilderungen zuzuhören. In diesem Sinne reiche ich holländische und belgische Erfahrungen weiter, wonach Grauköpfchen empfindlich gegen klamme Nässe, längere Dauerregenperioden, Temperaturstürze mit stürmischen Winden und selbst leichte Nachtfröste sind. In beiden Nachbarländern fiel mir auf, daß die Außenflüge der Zuchtvolieren rundherum mit Drahtglas gegen Wind abgeschirmt waren.

In einer meiner Verkaufsvolieren starben etliche Grauköpfchen unter Dach, nur weil sie an einer im Winter nachts stark auskühlenden Außenwand saßen! Hier steht Praktikererfahrung offenbar gegen die Aussagen in früher spärlicher Fachliteratur. So schließe ich mich der Züchtermeinung an, daß Grauköpfchen entweder ein durchgeheiztes Übernachtungshaus benötigen, sobald die Temperaturen unter 10 Grad sinken, oder ins Haus genommen werden müssen.

Ein alter Agapornidenspezialist im schönen Antwerpen empfahl mir, ich sollte in Überwinterungsgehegen die Geschlechter nach Möglichkeit so weit trennen, daß sie sich weder sehen noch hören könnten. Nur so wären blutige Kämpfe zu verhindern, denn außerhalb der Brutperiode, so versicherte mir der Könner in einem sehr aufschlußreichen Erfahrungsaustausch, seien sogar fest verpaarte Brutpartner sehr rüde im Umgang miteinander. Ob also wirklich mehrere Paare in einer Voliere ganzjährig zusammenbelassen werden können, wie man das zuweilen lesen kann? Ich kann dazu nur die Information beisteuern, daß in Sammelgehegen keine wirklich gefährlichen Beißereien stattfinden, hier aber wohl auch keine Paarbildungen oder Anstalten zu einer Fortpflanzung vorkommen. Zum Nutzen der Fachhändler darf ich betonen: Eine risikolose Bereicherung Ihres Vogelangebots sind neu importierte Grauköpfchen sicher nicht! Machen Sie besser einen Anfang mit der afrikanischen Personata-Gruppe.

Wahrscheinlich sind die schlechten Zuchtaussichten immer noch der Grund für die geringe Beliebtheit des Grauköpfchens selbst bei spezialisierten Agapornidenfreunden. Um so erstaunlicher, daß ich in Hoboken (Belgien), wie auch zur gleichen Zeit an drei Stellen in den Niederlanden kurz vor Weihnachten 1980, zu sensationell günstigen Preisen einige Dutzend Wildfänge hätte erwerben können. Da muß ein großer Transport durchgelaufen sein. Wenn man sich gut mit Importeuren versteht, dann erfährt man unter der Hand auch, daß Grauköpfchen in viel schlechterem Zustand ankommen als die übrige Verwandtschaft, und auch während der Quarantäne und im Vorratsgehege die Ausfälle größer sind. Trotz des guten Kontaktes aber hielt man eisern dicht, was die Quelle der Importpartie betraf, deren Mehrheit weiter nach Los Angeles reiste. Deutsche Importeure wissen meist wenig über Grauköpfchen zu sagen, oder haben das, was sie einst wußten vergessen, weil sie diese Art oft schon Jahrzehnte nicht mehr zu Gesicht bekamen. In den USA dagegen kann von knappen Angeboten beim Grauköpfchen wirklich nicht die Rede sein.

Nach allen internationalen Verlautbarungen zum Thema Zucht liegt die Hauptschwierigkeit offenbar darin, daß die bevorzugte Brutperiode in unseren kalten November bis Dezember fällt, und offenbar eine Wandlung dieser Programmierung auch mit großer Geduld kaum herbeizuführen ist. Sogar hier gezüchteter Nachwuchs wird oft genug im Winter brutlustig und die dadurch entstehenden Probleme kann man sich vorstellen. Jedes Züchterland mit warmem Klima ist von vornherein stark begünstigt.

Außerhalb der Fortpflanzungswochen dient der Nistkasten auch als Schlafquartier und vorübergehende Zuflucht bei Schlechtwetter, wie es von den afrikanischen Verwandten bekannt ist. Die Gesellschaftshaltung in größeren Schauvolieren mit mindestens gleichgroßen oder größeren Vogelarten halte ich für möglich, aber ich möchte empfehlen, als einzige Agaporniden nur die sowieso schöneren Grauköpfchen-Hähne einzubringen. Ihre Stimmen haben mich immer stark an Rosenköpfchen erinnert. Die Lärmentwicklung bleibt jedoch entsprechend der geringeren Größe in erträglichen Grenzen, was ein Segen ist, da das Grauköpfchen die Angewohnheit hat, sich ausdauernd mitzuteilen.

Pfleger sollten wissen, daß gerade diese Unzertrennlichen nach Art der Sperlinge wesentlich öfter und ausdauernder am Boden Nahrung suchen, als alle anderen Angehörigen dieser beliebten Familie.

Deutsche Nachzuchtvögel, so hat die bisherige Erfahrung der relativ wenigen Zuchtfreunde gezeigt, sind robuster im Ertragen typisch europäischer Schlechtwettersommer, weniger scheu gegenüber Ungewohntem, und auch bei weitem nicht so bissig wie Wildfänge. Vor letzteren seien Sie stets auf der Hut, da sie sich beim Festhalten schlangenartig winden und mit ihren eher zart und harmlos wirkenden Schnäbeln schmerzhafte, schwerheilende Löcher in den Handballen hacken. Tragen Sie also Handschuhe!

Dr. Karl RUSS will 1872 (!) Erstzüchter gewesen sein und drei Junge auf die Stange gebracht haben, die Deutschland die Ehre des Anfangserfolges einbrachten. Zahlreichere erfolgreiche Bruten meldete man neun Jahre später aus Dänemark, wo es seit Jahrzehnten besonders viele produktive Papageienzüchter gibt.

Obwohl die früheren französischen Kolonialherren Madagaskars zu den traditionellen und begeisterten Vogelfreunden zählten, existieren dennoch nur spärliche Berichte über das Freileben des wilden Grauköpfchens. Überliefert ist die Bevorzugung hohler Stämme oder Äste für das Brutgeschäft. Das Männchen sitzt gerne mit in dieser Kinderstube, in der, etwas tiefer, die Henne ihr Gelege bebrütet.

Eine annehmbare Lösung in Gehegen scheint die Verwendung handelsüblicher Nymphensittich-Nistkästen zu sein. Es vermehrt die Erfolgschancen beträchtlich, wenn der Betreuer drei Kästen zur freien Auswahl anbietet. Für den weiteren Verlauf des Fortpflanzungsgeschehens lasse ich meinen verstorbenen Kollegen Carl ASCHENBORN zu Wort kommen: „Das Nest wird aus Rinden- und Blattstückchen, bevorzugt von Weiden, gebaut, die das Weibchen im Rücken- oder Bürzelgefieder in den Kasten trägt. Das Gelege besteht in der Regel aus vier Eiern, die in etwa 21 Tagen gezeitigt werden. Die Jungen verlassen im Alter von etwa fünf Wochen den Nistkasten. Nach Selbständigwerden sollten sie vorsichtshalber von den Eltern getrennt werden, zumal wenn diese erneut zur Brut schreiten." Erstaunlich früh, mitunter schon am 9. oder 10. Lebenstage entdeckt man erste Kiele größerer Federn, die sich durch die Haut schieben.

Mir fiel auf, daß in Erzählungen über das Verhalten von Grauköpfchen höchst individuelle Angewohnheiten auftauchen. Es soll Hennen geben, deren Instinkt zum Kleinbeißen und Eintragen von Nestpolsterstoffen überhaupt nicht oder nur schwach entwickelt ist, die das meiste davon kurz nach dem Einstecken ins eigene Gefieder bereits wieder verlieren und dann nicht mehr beachten. Andererseits habe ich auch die Klage eines Grauköpfchenzüchters in Erinnerung, dessen bestes Zuchtweibchen mit dem Nachtragen und Nestausbau nie aufhören wollte, auch wenn sein Gelege längst vollzählig war. Es begrub bereits angebrütete Eier, in denen dann die Embryonen durch Unterkühlung oder Sauerstoffmangel abstarben. Den rechten Zeitpunkt zum Entzug sämtlicher Baumaterialien zu erwischen, wurde für ihn zu einer Art Wissenschaft. Hinweise auf viele Zwischenfälle, die Zuchterfolge gefährden, sind durchaus glaubhaft. Wenigstens ist der Hahn in dieser Zeit ein aufmerksamer, beflissener Ehepartner, der seine Dame nicht selten so intensiv mit Nahrung versorgen will, daß sie die Mengen gar nicht bewältigen kann. Unermüdlich leistet er Gesellschaft am und im Nistkasten und verjagt auch mal neugierige Störenfriede.

Im Rahmen der Fütterung ist das Sammeln von Wildkräutersaaten zu empfehlen, so z. B. von Queckengräsern, Rayegras, Poa annua, Vogelmiere, Spitzwegerich und Sauerampfer. Das sind gute Beigaben zum Aufzuchtfutter, wenngleich frische Hirsekolben sicherlich ähnlich gute Dienste tun. Ich habe gelesen, daß die Mageninhalte von während der Brutperiode geschossenen Grauköpfchen auswiesen, daß sie ihre Jungen überwiegend mit Insekten, Würmern und Kerbtieren großzogen. Ein Zoopfleger wies mich darauf hin, daß Hanfsaat und gerade die größten, weißen Sonnenblumenkerne zwar enorm gern gefressen würden, jedoch der Pfleger zugunsten der kleineren Grauköpfchen diese Körner anquetschen müsse, schon um zuviel Vergeudung auszuschließen. Alleingelassen, hätten sie Probleme, die harten Spelzen zu knacken. Ich meine, so etwas muß vorsorglich weiterberichtet werden.

Ich habe mich bemüht, über einen kleinen Krummschnabel Informationen zusammenzutragen, der einst in unserem Lande als Stubenvogel und Volliereninsasse zweifellos sehr bekannt war, aber den die Vogelliebhaber in der Bundesrepublik fast wieder aussterben ließen, während die farbigeren Angehörigen der Unzertrennlichengruppe stattdessen das Rennen machten und jetzt zu den beliebtesten Ziervögeln der Papageienfreunde aufstiegen. Kaum zu glauben, daß noch kurz nach dem 1. Weltkrieg erst drei populäre Agaporniden in Europas Vogelsammlungen bekannt und beliebt waren, und daß dabei die "Madagaskar-Liebesvögel", wie man sie damals nannte, sogar das größte Kontingent stellten. Ist es deshalb richtig, einen nur selten bei uns im Fachhandel anzutreffenden Kleinpapagei überhaupt in ein Praktikerbuch aufzunehmen? Dazu möchte ich sagen, daß sich die Importsituation bei Grauköpfchen ja durchaus noch einmal bessern könnte, denn schließlich sind sie auf ihrem heimatlichen Riesenterritorium zahlreich und noch nicht existenzgefährdet.

Schauen wir nach Amerika: Hier liegen die Verhältnisse insofern schon deutlich anders, weil Grauköpfchen hier sehr gefragt und in jedem besseren Pet-Shop zu haben sind. Ganz sicher an der Westküste in jeder größeren Stadt, wie ich selbst gesehen habe. In Kalifornien sind genügend dort nachgezüchtete Exemplare greifbar, und gerade hier standen in den Jahren 1948–1953 Madagaskar-Importe an der Spitze der Stückzahlen und der Beliebtheit, während deutsche Vogelfreunde wieder bei Null anfingen. Weshalb es mich auch nicht wundert, wie bei solcher Fülle hereingekommenen und vorhandenen Ausgangsmaterials die amerikanische Grauköpfchenzucht so erfolgreich in Gang kam. Ernsthaften Interessenten wird man gerne von dort Vögel herüberschicken, genauso wie es mir mehrfach angeboten worden ist. Adressen findet man in Pet-Magazinen oder z. B. im „American Cage Birds Magazine", der führenden US-Vogelliebhaberzeitschrift. Ich darf jedoch anmerken, daß Käfige auf Dauer nicht der geeignete Unterbringungsort sein dürften!

Offensichtlich sind Grauköpfchen in Freiheit Gebüschvögel, die eher von Zweig zu Zweig hüpfen, statt bei Erschrecken weitere Strecken wegzufliegen. Das macht beim Entfliegen das Einfangen aussichtsreicher, da Flüchtige in der Nähe auf Rufkontakt mit ihren Artgenossen bleiben. Es wäre sogar praktizierbar, jeweils einen Vogel festzusammengehöriger Zuchtpaare stundenweise frei fliegen zu lassen.

Ich muß der Ordnung halber darauf hinweisen, daß das sogenannte Rodriguez-Grauköpfchen *(Agapornis cana ablectanea)* die um die Jahrhundertwende massenhaft nach Westeuropa gebrachte Art gewesen ist. Obwohl logischerweise über diese auch das meiste der spärlichen Informationen niedergeschrieben wurde, gilt *A. cana cana* nach wie vor als Hauptform. Gerade informiert man mich aus England, daß dort bereits wiederholt die Ammenaufzucht junger Grauköpfchen durch Wellensittichhennen geglückt sein soll. Für manchen Leser vielleicht ein interessanter Tip. So etwas wird durch die geringe Größe des Grauköpfchens sicherlich begünstigt, wenn ich auch zweifle, daß der Trick öfters funktioniert.

Wenn ich übrigens erwähnte, daß aufgescheuchte Tiere nicht, wie so viele Krummschnäbel, im ersten Schreck über weite Strekken flüchten, so darf das nicht zu der Annahme führen, daß sie nur mäßig gute Flieger seien. Im Gegenteil, fliegend könnten sie einst vom afrikanischen Festland nach Madagaskar gekommen sein. Warum sie jetzt nicht den umgekehrten Weg probierten, weiß man nicht. Einbürgerungsversuche in Afrika wurden nicht unternommen, was allerdings kaum verwundert, da man auf der Heimatinsel genug über die angerichteten Ernteschäden zu klagen pflegt.

Wahrscheinlich haben Sie sich bereits gedacht, daß es keine Farbspielarten (Mutationen) von *Agapornis cana* gibt. Allerdings bin ich durchaus der Überzeugung, daß sie genauso gut entstehen könnten, wie es bei Verwandten geschehen ist. Hindernis dafür waren und bleiben zu geringe Bestände in Liebhaberhand. Der graue Kopf in Verbindung mit einem reinweißen, gelben oder farbigen Körper müßte attraktiv wirken. Genetik ist andererseits eine besondere Wissenschaft, weshalb ich nicht imstande bin eine Vorhersage zu machen, welche Farbvariante die größten Entstehungschancen hätte.

Von Kreuzungen mit anderen Agapornidenarten, wobei ich solche mit *Agapornis pullaria* für am wahrscheinlichsten hielte, sind nie Berichte erschienen. Eine Kreuzung zwischen Grauköpfchen und Wellensittich halte ich nicht für möglich, obwohl man vor fast einem Jahrhundert in Deutschland über eine solche berichtete.

Ratschläge für besondere Fälle

Aus der Praxis heraus sind manchmal von Lesern dringend benötigte Informationen zu vermitteln, die ich eingedenk früherer eigener Ratlosigkeit auch zur Verfügung stellen möchte, so gut ich dies heute kann. So zum Beispiel was Sie tun sollten, wenn Ihr Paar seine Jungen nicht so füttert wie es sich gehörte, oder ihnen die schönen neuen Federn ausrupft. Wie Sie Vögel einkaufen, ohne dabei hereinzufallen und wie Farbspielarten überhaupt zustandekommen. Ein Service, den so manches viel teurere Fachbuch nicht bietet.

Päppeln und Päppelfutter

Muß ein Vogelfreund aus irgendwelchen Gründen junge Agaporniden plötzlich selbst mit Nahrung versorgen, merkt er bald, daß gleiches bei Finken viel einfacher ist, die ihre Schnäbel weit aufreißen. Papageien dagegen umfassen seitlich den Schnabel ihrer Jungen und stellen so eine weitgehend dichte Verbindung her, durch die der Kropfschleim gewürgt wird. Ein Grund, weshalb Eingeborene dem Nest entnommene Jungpapageien durchweg mit Gekautem aus dem eigenen Mund füttern, was Europäern weniger sympathisch erscheint. Wir ziehen Löffelchen bzw. Futterspritzen vor, haben dafür aber den Brei im Wasserbad auf 37–38° Körperwärme zu halten. Gut warm sollten übrigens auch die kleinen Atzungsempfänger sitzen, denn wenn sie frösteln, sperren sie ihre Schnäbelchen kaum ausreichend auf.

Ich halte sehr wenig von Vorschlägen, die auf eine gleichbleibende Anzahl Handfütterungen innerhalb 24 Stunden bei Einhaltung fester Fütterungszeiten hinauslaufen. Haben solche Empfehlungen nicht schon bei Säuglingen reichlich Kummer bereitet? Vom frühesten Nestlingsalter bis zu beginnender Großgefiederbildung kann auch der Ungeschulte den Füllungsgrad des Kropfes erkennen. Ich wüßte keinen tauglicheren Anhaltspunkt! Die Fütterungspausen dürften lediglich nicht bis zur völligen Kropfleere dauern. Andererseits kann und wird die Verdauungszeit nie gleichbleibend sein. Solange im Kropf noch 25–30 % Füllung sichtbar sind, braucht sich der Handversorger mit neuer Zufuhr nicht zu beeilen, auch wenn irgendwo angegebene Zeitabstände längst überschritten sein sollten. Ausnahmeregelung der Kenner: Sofern Jungvögel den Betreuer schon anbetteln, soll er stets wenigstens eine Kleinigkeit geben, um das Vertrauen zu festigen! Anders gesehen halte ich es natürlich für unwahrscheinlich, daß Nesthocker in der Nahrungsaufnahme bereits maßzuhalten verstehen. Nicht vergessen bitte, verschmierte Schnäbel der Jungen bei Notwendigkeit zu säubern! Schon der Hygiene wegen.

Den Fortschritt der Körperentwicklung kann man langfristig zuverlässiger mit der Brief- oder Haushaltswaage, statt nach dem Aussehen feststellen. Geht das Wachstum stetig voran, braucht das Päppelfutter nicht mehr dünnflüssig zu bleiben. Die Konsistenz wird von Neulingen immer mit sauberem Wasser, statt mit leichtsäuernder Milch reguliert. Probieren Sie, wann es möglich wird, eingeweichte gequollene Körner anteilig unterzumengen, wobei man von größeren Saaten bei so kleinen Mengen die Spelzen sicher selbst entfernen kann.

Wenn zuletzt das erste wachsende Großgefieder viel Kräfte erfordert, ist mehr tierisches Protein hilfreich, das am einfachsten über eine Weichfressermischung aus dem Zoogeschäft bereitzustellen ist. Auch Quark ist gehaltvoll! Neben dem bereits erwähnten Eifutter und den inzwischen bewährten Aufzuchtfutter-Fertigprodukten, die sich zudem variabel anreichern lassen, darf ich auf gute Erfahrungen mit meinen beiden nachstehenden Rezepturen verweisen:

- Babynahrung, nach Vorschrift angerührt und zu gleichen Teilen mit in Warmwasser angeweichten Hafer-Schmelzflocken vermengt. Dazu ein Teelöffel Eigelb, roh oder weichgekocht und zwei Messerspitzen flüssigen Honig zum Süßen.

- In Thermosflasche mit Heißwasser übergossene, einige Stunden weichgequollene, jetzt abgekühlte, helle Hirse, plus etwas gekochten Gries oder auch Sittichgold. Dazu ein Teelöffel Ameisenpuppen oder Fertigweichfutter für zarte Insektenfresser und ein fein zerhacktes grünes Salatblatt untermengen.

In der letzten Entwicklungsphase lassen sich z. B. in einer alten Kaffeemühle mittelfein zerkleinerte Haferkerne, Weizenkörner, und das Innere von großen Sonnenblumenkernen, nebst jetzt trockenen Haferflocken zugeben, um die Umstellung auf selbständige Nahrungsaufnahme zu erleichtern. Tritt einmal etwas Durchfall auf, so wird dieser durch etwas beigegebene Mohnsaat gestoppt.

Der Lohn solcher sicherlich nicht geringer Mühen ist bekanntermaßen ein begeisternd zahmer und enorm anhänglicher Vogelnachwuchs. Allerdings muß man selbst aufgepäppelte Papageien schon weiterhin alleinhalten und sich viel mit ihnen befassen. Zu Artgenossen gesetzt, verlieren sie wieder einen Teil ihrer besonderen Vertrautheit und das wäre doch schade.

Was tun bei plötzlichem Jungvogelrupfen?

Das Rupfen wehrloser Nistkastenhocker durch ihre Mütter ist bei Unzertrennlichen heute gottseidank kein regelmäßiges Problem mehr. Häufiger berichtet man diese Unart von *A. fischeri.* Als gefährdete Körperpartien gelten vornehmlich der untere Nacken und natürlich der Oberrücken genau zwischen den Flügeln. Auch Weibchen, die zuvor nie dergleichen getan haben, können urplötzlich damit anfangen, aber im nächsten Jahr wieder davon ablassen. Aus meiner Erfahrung meine ich feststellen zu dürfen, daß das Blutigrupfen der Jungvögel in früheren Jahrzehnten bei vielfach primitiver Unterbringung und einfallsloserer Fütterung entschieden häufiger beklagt wurde als heute. Man kennt andererseits Fälle, die auch in freier Natur nach Kriegseinwirkung, Entlaubung und anderer großflächiger Chemieanwendung, oder z. B. auch nach umfangreichen Waldbränden in Niedersachsen und Kanada vorkamen. Das spricht für äußere Einflüsse und daraus resultierende Mangelerscheinungen. Verständlich, daß Unterversorgung mit Vitamin-D lange zu den wahrscheinlichen Ursachen gezählt wurde. Gesicherte Erkenntnisse zu den Auslösefaktoren fehlen jedoch bis heute, und so ist Vorbeugung natürlich reine Glücksache. Parasitenbefall, z. B. durch Milben, Zecken, Federlinge usw. ist auf keinen Fall Ursache des abnormen Elternverhaltens.

Im allgemeinen wachsen die gewaltsam ausgerupften Federn wieder rasch und problemlos nach. Jeder erfahrene Züchter erlebte natürlich auch Todesfälle infolge Blutverlust und Unterkühlung bei betroffenen noch sehr jungen Nestlingen, doch in der großen Mehrheit der Fälle bleiben keine Schäden zurück. Als Risiko erlebte ich noch, daß Jungagaporniden kurz vor dem ersten Ausfliegen flugunfähig gerupft wurden und deshalb die Kinderstube nicht verlassen konnten. Das ungeduldige, wieder brutwillige Weibchen warf die armen Tierchen gewaltsam hinaus, wobei sie zu Tode stürzten.

Federstümpfe, abgebissen geknickt oder gebrochen, können kräftigen Nestlingen vorsichtig ausgezupft werden. Blutspuren entfernt man, wenn man will, einfach mit in Warmwasser getauchten Wattestäbchen. Sulfonamidpuder würde Wundenheilung beschleunigen. Von Salbe möchte ich ebenso abraten, wie von der hier zu aggressiven Jodtinktur. Zugabe des bekannten Kinderpräparates Multi-Sanostol zum Allgemeinfutter konnte in meinen Gehegen die Henne insgesamt dreimal von weiterem Jungvogelrupfen abbringen. Gleicher Erfolg mit dem Zoohandelprodukt Melodyno blieb eine Einzelerscheinung und anderes versagte ganz. Den Einsatz von Lebertran möchte ich nicht befürworten.

Die leidige Überraschung passiert fast immer in einer Zeit, in der die Brut noch der Versorgung durch die Eltern bedarf. Entschließt man sich nicht, sie in Handpäppelung zu übernehmen, ist jede Lösung denkbar, die nur den Schnabelkontakt jederzeit weiter erlaubt, so daß die Altvögel zwar füttern, aber nicht weiteres Gefieder ausreißen können. Kunstvoll gebastelte Mini-Gitterroste in etwa halber Nistkasteninnenhöhe, neben dem Kasten eingehängte Kleinkäfige für die Jungen, oder eventuell auch einsetzbare

Gitter oder Maschendraht-Trennwände sind solche Alternativen. Ähnliches bewährt sich auch bei verfrühter Verfolgung der eigenen Nachkommen durch das wieder brutlustige Zuchtpaar.

Was andere, mit ziemlicher Regelmäßigkeit angepriesene Methoden zu erfolgreichem Unterbinden des Rupfens betrifft, so bin ich elf Jahre lang solchen Empfehlungen auf den Grund gegangen. Es erwies sich, daß tatsächlich vorgekommene Einzelerfolge zu voreilig hochgelobt wurden, die sich dann enttäuschenderweise beim Befolgen solcher Ratschläge nicht wiederholten.

Die Abheilung entstandener Hautverletzungen, vor allem aber die Neubildung ausgerupfter Großfedern treibt den Proteinbedarf des Jungvogelkörpers noch einmal in die Höhe. Der Betreuer soll tunlichst durch hochwertiges Futtereiweiß für diese Bausteine sorgen, unter denen speziell die Aminosäuren Arginin und Glyzin wichtig sind.

Um schnell noch einige verbreitete Irrtümer auszuräumen, lassen Sie mich sagen, daß in früher Jugend von den Eltern gerupfte Krummschnäbel später weder dieselbe Unart praktizieren, noch zu sogenannten Federfressern werden, die ihr eigenes Gefieder verstümmeln, soweit der Schnabel reicht. Es besteht derzeit auch kein Anlaß, das Rupfen als vererbliches Fehlverhalten anzusprechen.

Wie es zu abweichenden Gefiederfarben (Mutationen) kommt

Der Mehrzahl von selbst entstehender Veränderungen (Mutation) liegt ein Erbgutdefekt zugrunde, der zunächst die Lebensfähigkeit des abnormen Vogels negativ beeinflußt. Oft genug sterben solche Zufallsprodukte, noch bevor sie Gelegenheit hatten, ihr zufällig verändertes Erbgut an Nachkommen weiterzugeben oder sie sind sogar von vornherein unfruchtbar. Zustandegekommener Nachwuchs jedoch bleibt Träger der Zufallsmutation in seinen Erbanlagen, weil als Regel erkannt wurde, daß solche beständig ist, d. h. nicht etwa von selbst wieder in den Normalzustand zurückschlägt. Ungewöhnlich aussehende Vögel hätten in der Natur nur geringe Überlebenschancen. Der Züchter dagegen hegt und päppelt sie mit allen Mitteln und tut alles, um sie zur Fortpflanzung zu bringen. Das ist sozusagen der Kern jeder Mutationszucht von Ziervögeln.

Erbanlagen von Vögeln kann man kaum nach deren Aussehen beurteilen, solange viele Zuchtprodukte gleich mehrere davon in sich tragen, d. h. **spalterbig** sind. Was bei deren Zuchteinsatz an Nachwuchs herauskommt, liegt wesentlich am hinzukommenden Erbgut des Partners, aber auch daran, was sich durchsetzt, d. h. **dominant** ist. Was an verdeckten Erbanlagen durch die stärkeren unterdrückt wird und demnach in den Jungvögeln nicht sichtbar erscheint (aber weitergegeben ist), ist sinngemäß **rezessives** Erbgut. Nur zwei **reinerbige** Vögel erbringen in gemeinsamer Brut immer wieder gleichartige Nachkommen. Sehen Sie ruhig mal im Lexikon nach, was dort über Vererbung und die Mendelschen Gesetze steht. Vorhergesagte Ergebnisse treffen allerdings nur auf 100 Nachkommen zu und bleiben unverbindlich für Einzelbruten. Dafür aber gibt es Vogelzüchter-Spezialliteratur.

Beim bekannten Wellensittich hat man in Jahrzehnten mühsamer Naturforscherarbeit die Gesetzmäßigkeiten gefunden, mit welchem Ausgangsmaterial an Zuchtvögeln bestimmte Farbspielarten erzüchtet werden können. Die von vielen Vogelfreunden eher gefürchteten Buchstabentabellen, bestehend aus immer vier Zeichen für je zwei Chromosome des Vaters und der Mutter, kann ich hier aus Platzmangel sowieso nicht erklären. Was aber kein Mangel für dieses Buch ist, da in der Fachpresse regelmäßig erklärende Aufsätze erscheinen. Glücklicherweise braucht man zugrundeliegende Untersuchungen nicht für jede andere Krummschnabelart neu anzustellen. Die Wege zum Ziel sind für Agaporniden-Farbenzüchter die gleichen wie beim Wellensittich. Einzig wichtiger Vorbehalt: Beim Vorbild hatten wir eine Einzelart ohne nahe Verwandtschaft, während viele Unzertrennliche, wenigstens im Zuchtgehege, Mischehen eingehen, weshalb die Anwendung von Farbenzuchtregeln aus der Wellensittichliteratur nur dann sinnvoll ist, wenn das Agapornidenzuchtmaterial reinerbig, also nicht bastardisiert ist, was man oft weder erfährt noch sehen kann.

Vogelbeschaffung und vorteilhafte Auswahl

Betrachten wir die Quellen für die Beschaffung von Unzertrennlichen, so gibt es eine Reihe von Möglichkeiten. Eigenimport aus Afrika, den ich noch gelegentlich praktizieren konnte, scheidet heute für Private fast aus. Fänger zeigen inzwischen wenig Interesse an Kleinpartien. Für den Besteller kämen Kosten für Verpakkung, Vortransport, Luftfracht, Zollabfertigung und Gebühren wahrscheinlich viel zu hoch. Womit es nicht einmal getan wäre, da er auch noch für Kosten und Risiken der gesetzlich verlangten Quarantäne aufzukommen hat! Todesfälle beim Transport oder durch Medizinalbehandlung machen das Ganze oft noch unrentabler. Einzelne hiesige Importeure (Großhändler) verkaufen vielleicht auch mal privat, bevorzugen aber ansonsten das Normalgeschäft mit Kaufhäusern und Einzelhandel. Anders im benachbarten Holland, wo selbst bedeutende Tierhandelsfirmen seit Jahrzehnten gewohnt sind, bundesdeutschen Interessenten selbst an Sonn- und Feiertagen alles Gewünschte zu verkaufen. Denken Sie aber auch an Reisespesen, Grenzgebühren usw., die eigentlich den Vogelpreisen zugerechnet werden müßten, um Preisvergleiche realistisch zu machen.

Erfreulich ist, daß unsere Zoohändler in kleinen und großen Städten inzwischen reichlicher Unzertrennliche anzubieten haben, was auch für Kaufhaus-Zooabteilungen gilt. Was andererseits die von Anfängern zu bevorzugenden, hier gezüchteten Agaporniden betrifft, so kommen sie seltener in den gewerblichen Handel, und auch Farbschläge sucht man am besten bei ihren Züchtern. Anzeigen in Liebhaberblättern und Klubzeitschriften, wie den AZ-Nachrichten, geben reichlich Hinweise.

Bleiben noch Vogelcenter, Versandfirmen und öffentliche Vogelschauen. Ob man unbesehen gegen Vorkasse oder per Nachnahme und auf eigenes Transportrisiko gemäß den Versprechungen in einer Zeitungsanzeige überhaupt Vögel kaufen will, ist Ansichtssache, aber z. B. nichts für mich. Solange nicht Kollegen oder Klubkameraden eine Bezugsquelle empfehlen, halte ich es für ratsamer, den Anbieter nach Terminabsprache aufzusuchen.

Da sieht man auch gleich, wie die Kaufobjekte bisher gelebt haben! Sollte man lebende Tiere, die man kaufen will, also vorher tunlichst anschauen, so ist es ein fast noch wertvollerer Rat, sich unbedingt Zeit dabei zu lassen. Kenner müssen dringend davor warnen, sich zu minutenschnellen Entschlüssen drängen zu lassen, etwa weil der Vorbesitzer auf einmal viel Arbeit und wenig Zeit hat. Niemand verlangt schließlich, daß er die ganze Zeit tatenlos dabeistehen soll.

Beachtenswerte Auswahlregeln bei der Vogelsichtung

Kranke Vögel verhalten sich auffällig ruhiger als ihre gesunden Artgenossen. Kein kräftiger Vogel „schläft" längere Zeit am hellen Tage. Gerade bei Krummschnäbeln verzichtet man lieber auf Exemplare, die aufgeplustert breit auf beiden Beinen sitzen und, sobald wieder etwas Ruhe eintritt, die Köpfe oder wenigstens die Schnäbel ins Gefieder stecken. Auch sehr magere Tiere läßt man, wo sie sind. Die Kante des Brustbeines soll z. B. nie sichtbar hervortreten, denn dann ist der Ernährungszustand unzureichend. Verklebtes oder verschmutztes Aftergefieder warnt uns vor Verdauungsstörungen. Kennern bieten dann noch die Augen hervorragende Anhaltspunkte für den Gesundheitszustand. Sie dürfen nicht matt oder eingesunken aussehen! Wenn sie in kurzen Abständen zu einem schmalen Spalt zugekniffen werden, verzichten wir besser. Der Gefiederzustand fällt zwar dem Neuling besonders ins Auge, ist aber, falls er nicht extrem schlecht wirkt und Rupfen vermuten läßt, nur von geringerer Bedeutung. Mehr Bewegung und Badegelegenheit bewirkt meist rasche Besserung. Auch bestes Futter!

Wichtig: Beim Aussuchen stellen wir uns stets etwas entfernt von Vorratskäfig oder Gehege auf und warten ab. Solange die Insassen aufgeregt umherflattern, können wir von den vorbeschriebenen Dingen, auf die wir achten wollen, kaum etwas sehen. Aufgeschreckte Vögel werden dann sogar bei schon sehr angegriffener Gesundheit kurzfristig munter und glatt wirken. Wie sie sich schließlich wieder beruhigt verhalten, das ist wesentlich!

Sind Sie ein wahrer Tierliebhaber, so haben Sie nicht nur die Unterbringung schon komplett eingerichtet und mit gefüllten Näpfen vorbereitet, bevor Sie zum Agapornideneinkauf aufbrechen. Sie denken auch daran, daß der rasche Wechsel von Umgebung, Käfig oder Gehege, und nicht selten auch in der Art der Fütterung, Streß mit sich bringt. Anfänglich häufige Überwachung der Neuerwerbungen ist immer empfehlenswert.

Für den Neuzüchter

Wer noch nie versucht hat, Sittiche oder Papageien zu züchten, muß wissen, daß auch Privatzuchten genehmigungspflichtig sind. Ferner müssen alle Nachwuchsvögel beringt und mit der Ringnummer in ein sogenanntes Nachweisbuch eingetragen werden. Die 1975er Neufassungen einschlägiger Gesetze, sowie die zutreffenden Abschnitte des Viehseuchengesetzes, sollte man vor der Beantragung der Zuchterlaubnis beim Ordnungsamt vielleicht erst mal gut studieren, obwohl tausende von Vogelfreunden damit leben und Angst unsinnig wäre. Im Verein oder im Zoogeschäft erfahren Sie, wo besagte Bücher und Ringe zu bekommen sind, die nur gegen Fotokopie der bereits erteilten Zuchtgenehmigung abgegeben werden.

Wer einzelne Paare Unzertrennliche zum Vergnügen hält und sie nicht brüten läßt, wird von der Gesetzgebung erst im Falle einer, allerdings ziemlich unwahrscheinlichen, Psittacoseansteckung betroffen.

Schauklasseneinteilung der AGZ

Farbe gemäß Standard	Gruppe, Klasse	Z*	F*
Agapornis fischeri wildfarben	VII/1	76	128
Sonstige Agapornis fischeri	VII/1a	79	129
Agapornis personata wildfarben	VII/2	80	130
Agapornis personata blau	VII/2a	81	131
Agapornis personata pastell (gelb)	VII/2b	82	132
Agapornis personata Komb. blauweiß	VII/2c	83	133
Sonstige Agapornis personata	VII/2d	83a	133a
Agapornis roseicollis wildfarben	VII/3	84	134
Agapornis roseicollis Schecke wildf.	VII/3a	85	135
Agapornis roseicollis blau (pastell)	VII/3b	86	136
Agapornis roseicollis Schecke blaugelb	VII/3c	87	137
Agapornis roseicollis Zimt	VII/3d	87a	137a
Agapornis roseicollis Lutino/Gelbges.-Albino	VII/3e	87b	137b
Agapornis roseicollis gelb/gelbgesäumt (Cherry) weiß/weißgesäumt (Cherry)	VII/3f	87c	137c
Agapornis roseicollis Dunkelgrün/Oliv	VII/3g	87d	137d
Agapornis roseicollis Dunkelblau/Mauve	VII/3h	87e	137e
Agapornis roseicollis Schecken Dunkelgrün/Oliv, Dunkelblau/Mauve und Zimt	VII/3i	87f	137f
Sonstige Agapornis roseicollis	VII/3j	87g	137g
Agapornis taranta	VII/4	88	138
Sonstige Agapornis	VII/5	89	139

* Züchter, Fortgeschrittene

Deutsche Ringgrößen
(verbindlich für Ausstellungsvögel/Selbstzuchtnachweis)

Agapornis cara	4,0 mm
Agapornis taranta	5,0 mm
Sonstige Agaporniden	4,5 mm

Bei Ringbestellungen braucht man den Nachweis amtlich erteilter Zuchtgenehmigung laut § 61d Viehseuchengesetz.

Literaturhinweise

ASCHENBORN, Carl: Die Papageien. Philler, Minden 1981

DELPY, Karl-Herbert: Großsittiche und Papageien. Philler, Minden 1981

– Volieren. Philler, Minden, 1981

– Ziervogelernährung. Philler, Minden 1980

– Wellensittiche. Neumann-Neudamm, Melsungen 1979

FORSHAW, J./COOPER, W.T.: Parrots of the World. Neptune 1977

GÜNTER, Joachim: Wiener Papageienbüchlein. 1957

HAMPE, Helmut: Die Nistgewohnheiten von Agapornis pullaria. London 1937

– Die Unzertrennlichen. Pfungstadt 1957

KEMNA, Dr. Alwin: Krankheiten der Stubenvögel. Philler, Minden 1980

MÜLLER-BIERL, Maja: Der Papagei als Haustier. Philler, Minden 1981

– Papageienhaltung – einzeln oder paarweise? Philler, Minden 1981

NEUNZIG, Karl: Fremdländische Stubenvögel, Nachdruck Amsterdam 1965

SCHMIDT, Horst: Sprechende und nachahmende Vögel. Philler, Minden 1977

STEINBACHER, Georg: Knaurs Vogelbuch 1957

Zeitschriften

AZ-Nachrichten, Bochum (speziell das AGZ-Sonderheft „Agapornis-Arten“ von S. Bischoff und F. E. Kaeding, 1980)
Geflügel-Börse, Verlag Jürgens KG, Germering
Gefiederter Freund, Organ der Exotis, Zollikofen (Schweiz)
Die Gefiederte Welt, Verlag Eugen Ulmer, Stuttgart
Kanarienfreund, Hanke-Verlag, Pforzheim
Kosmos, Franckh'sche Verlagshandlung, Stuttgart
petzoo-report, DRW-Verlag Weinbrenner KG, Stuttgart
Tier/Tierwelt, Hallwag-Verlag, Bern und Stuttgart
Die Voliere, Verlag M. & H. Schaper, Hannover

Namen- und Sachregister